経済外交を考える

──「魔法の杖」の使い方──

高瀬弘文 著

JN061257

信山社

Shinzansha

まえがき

経済外交を考える　「経済外交」というコトバを聞いたとき、どのような内容を思い浮かべるだろうか？

　TPP（環太平洋パートナーシップ）協定や日 EU 経済連携協定（EPA）、RCEP（東アジア地域包括的経済連携）のような、経済問題に関わる外交だといわれればわかったような気もするが、必ずしもそれだけにはかぎられないようだ。

　また、わたしたちの生活にどの程度の関わりがあるのかについても、不明な点が多い。たとえば、2018 年 12 月に発効した TPP11 協定は、内閣官房のホームページによると、「参加国間で、物品及びサービスの貿易並びに投資の自由化及び円滑化を進め」るとともに、「自由で公正な 21 世紀型のルールを作っていく上で重要な一歩」だと説明されている[1]。ただ、これでは、わたしたちの生活がどう変わるのか、あまりはっきりしない。

　しかし、だからといって、2019 年 2 月に発効した、日 EU 経済連携協定の折に喧伝されたように、「ワインやチーズが安く」なる！　などと説明されると[2]、こんどは、《そのためだけに EPA を締結したの？》という疑問が湧いてきてしまうのである。

　経済外交とはいったいなんなのか？　また、経済外交はどのような状況のなかで生まれ、どんな経緯をたどっていまに至っているのか？さらには、経済外交がこんにち直面している課題とはいかなるもので、これからどうなっていくのか？　そのことはわたしたちの生活にどう影響し、そこでわたしたちはどうすべきなのか？

　本書は、このような疑問に関心はあるけれども専門的な書物を紐解くのはチョット……、と感じている読者の思いに、経済外交の一専門家の立場からなんとか応えようとするものである。

　ただ、そうはいっても、経済外交とはなにかがまったくわからないと話がすすまないし、なぜいま経済外交を考える必要があるのかについても、ある程度明らかにしておく必要があるだろう。

経済外交とは　経済外交とは、経済と外交の関係を考察するものである。当たり前じゃないか、と思われるかもしれないが、この問題は意外に奥が深い。というのも、経済というのは、安くてよいものが売れる、というように、経済的原理に基づいて「自然」に動く側面を持っているが、外交というのは、政策を立てたり交渉をすすめたりといった人為的関与、いわば人によるなんらかの対外的な決定（「自然」に動くものではない）を必要とするものだからである。

　経済の動きを尊重するのであれば外交は邪魔になるし、外交を重視するのであれば経済の動きは制限されざるをえない。ではどうすればよいのか。経済外交を考えるとは、端的にいうと、こういう問題を考えることを意味しているのである。

経済外交の起源　それではなぜ、このような問題を考える必要があったのか。それを知るには、日本の経済外交の歴史をみなければならない。

　第一次世界大戦と第二次世界大戦のあいだ、とくに世界恐慌（1929年）のあとくらいに、経済外交というコトバは本格的に日本で使われるようになった。ただ、この揺籃期ともいえる時期の経済外交とは、日本国内のさまざまな問題（たとえば、余剰人口をどうするか）を対外的に解決するにあたり、軍事的・政治的な方法（戦争や植民地支配の推進）

ではなく、より「平和」的・経済的な方法（労働集約的製品の輸出とその市場の確保・開拓）をとるべきだとするものであり、必ずしも経済と外交の関係を正面から考えようとするものではなかった。そのため、日本が中国やアメリカとの本格的な戦争に突入するようになると、経済外交というコトバもあまり聞かれなくなったのである。

こんにちの意味での経済外交が問題となるのは、日本が未曽有の敗戦を経験した第二次世界大戦後のことである。

アジア太平洋における日本の軍事的な行動が1945年、日本の敗北に終わったことで、日本のエリートたちは、戦前とは異なる「新しい」日本を再定義する必要にせまられていた。戦時体制が終わり植民地を失ったことで、日本のかたちが大きく変わったからである。そこでの第一の課題は、国内的・対外的な経済の復興だった。戦時体制の終焉は、空襲による破壊とも相俟って、軍需生産（つまり生産の大部分）の停止を意味していたし、植民地の喪失は、原材料の供給地と輸出市場の消失を意味していたからである。こうして、国内的な課題（生産）と対外的な要請（貿易）を同時に解決するために持ち出されたのが経済外交だった。

経済を復興するには、まずそのための国際的な基盤を確立せねばならず、それを実現するための外交が必要だとされたのである。

経済外交が目指すもの　いわば、経済外交は、未曽有の敗戦により経済が疲弊し、世界のなかでの居場所を失った日本が、戦後日本という「新しい」日本を戦後の世界で認めてもらうために掲げた、「新しい」方法だったのである。

ややくだけた言い方をするならば、日本は第二次世界大戦後、経済外交という名の「魔法の杖」を握りしめながら、戦後日本というキャ

ラクター（それは必然的に「魔法使い」だ）として、世界におけるさまざ
まなゲームをプレイしてきたのである。

経済外交を考える意味　こうして、経済外交が、戦後日本のあり方を
定義し、それを世界に認めてもらうためのものであったことから、経
済外交の目指すべき方向はわたしたちの生活に影響を与えることとな
り、それゆえ、いま経済外交を考えることが必要になってくる。

　というのも、（「魔法使い」のたとえを引き続き使うと）戦後日本が
「闇」の「魔法使い」だと定義されれば、わたしたちは（「光」の「魔法
使い」のほうがいいと思っていても）「闇」の「魔法」を身に付けるよう
強制されるだろうし、「魔法の杖」の使い方が「攻撃魔法」重視のもの
として打ち出されることとなれば、（「防御魔法」や「回復魔法」を使うべ
きだと思っていても）「攻撃魔法」を出すよう強いられるだろうからで
ある。

本書の目的と成り立ち　本書は、このような問題関心から、経済外交
という「魔法の杖」の使い方について考えようとするものである。「魔
法の杖」というコトバは、山本満『日本の経済外交──その軌跡と転回
点』からとった。経済外交は、「魔法の杖」のように、あらゆるものを
呼び出せるかのようだ、というのである[3]。

　ただ、残念ながら、本書はその使い方を考えるものであって、それ
を教えるものではない。なぜならば、「魔法の杖」の使い方を記した正
統な「魔術書」は、いまだ存在しないからである。

　それゆえ、本書もまた、その意味では不完全であるとともに、書き
手の主観（なにをまっとうだと感じ、なにがどこまで実現できそうだと考
えるか）を反映してしまうだろう。というのも、「魔法使い」のタイプ
ということでいえば、筆者はどうひいき目にみても、外交や国際関係

（そして、法律）とその歴史という、伝統的な法学部の教育を受けてきたものであり、経済の専門家ではないからである。

　このことは、経済外交を議論するにあたっては、不利であるとともに有利でもある。

　不利だというのは、数的データや数式を使いこなせないがために、経済をめぐる記述が表層的になりがちだということである。これは、もしかすると一部の読者には喜ばれるかもしれないが、経済に詳しい方がたを退屈させたりがっかりさせたりしてしまうだろう。

　しかしながら、有利な部分もある。経済外交はたしかに経済の問題ではあるけれども、同時に外交や政治の問題でもあり、本書で議論されるように、経済を野放しにするのでないかぎり、必ず外交や政治の問題を惹起するからである。この点では、本書もわずかながらではあるが、貢献できるところがあるだろう。

　そのうえ、経済外交が、戦後の世界のなかで定義された日本のあり方を世界に認めてもらうための「新しい」方法だったことを思い起こすならば、経済外交を考えることは、わたしたちがいま生きている戦後日本を世界のなかで考えることであり、これからの未来に向けて日本をどうするのかを世界のなかで再定義していくことなのである。そして、世界をゲームだと見立てるたとえをさらに突き詰めていくならば、それは既存のものをただプレイするだけにはとどまらず、ゲームをつうじて思わぬ人たちと仲良くなったり、疑似体験という名の未来の準備ができたり、さらには、よりよいゲームをつくってみんなでプレイしたりすることも可能なのだ。

　未来は無限に広がっているのである。

まえがき

（付記）

　本書の草稿は、新型コロナウィルス（COVID-19）による感染症が流行する前（2020年2月）に大枠ができあがっていたため、その内容を全面的に見直す必要があるのか、また、果たしていま出版する意味があるのかについて、幾度も悩んだ。だが、結局、草稿には抜本的な修正を施さないこととした。なぜならば、「アフターコロナ」や「ポストコロナ」であれ、「ウィズコロナ」や「ウィズアウトコロナ」であれ、「コロナ後」と呼ばれる時代がくるにしても、そこでみられる変化の端緒は、すでに本書で描かれている時期に表れていると考えられるからだ。

　新型コロナウィルスの流行（それは、パンデミックといわれた）と、それがもたらす経済的・社会的な影響により、「コロナ後」の時代はこれまでとは大きく変わる、あるいは、それまでの時代には戻れない、としばしばいわれる。たしかにそうかもしれない。

　しかしながら、このことはどんな時代にも当てはまるものである。わたしたちは、いつの時代にも大きな変化を経験してきたし、いつの時代においても過去には戻れなかった。歴史は繰り返さないし、繰り返しているようにみえる場合でも、それは必ずバリエーションを伴っていたのである。

　これは、変奏曲に似ている。はじめに主題が提示され、そのあとに変奏が奏でられる。変奏はときに主題を大きく変化させるが、主題をもとにしているから、同じようなフレーズが繰り返し、陰に陽に、さまざまなかたちで立ちあらわれる。だが、ふたたび主題そのものが演奏されることはもはやない。

　つまり、「コロナ後」という時代があるとすれば、それはすでに、それまでの時代にみられていた動きの一つ、あるいはいくつかだけが突出し、あたかもこれまでとは大きく変わったように思われる時代だろう。また、「新しい」と感じられる変化も、（変奏のように）これまでみられた動きから生まれたものなのである。

　このことが意味しているのは、これまでの時代の動きのうち、どれを引き継ぎ、どれを改め、どれを捨てるのか、ということが、（変奏曲の作曲者が主題をその巧みな創意で変化させるように）わたしたち一人ひとりの選択にゆだねられている、ということである。これが、経済的・社会的な問題のみならず、本書のような外交的・政治的な問題（だれが決定する

のか、だれがその恩恵を受けるのか）を考える必要があるゆえんである。とくに、経済外交という「魔法の杖」を先人たちから引き継いできた日本は、その重責を担っているのだといってよい。

　「コロナ後」の世界がどうなるのかはたしかに気になるが、いま考えなければならないのは、わたしたちが「コロナ後」の世界をどうするのか、なのだろう。この世界の未来をよりよいものにするためにも、まずは過去を知る必要があるのである。

[注]
1）作成者名なし「環太平洋パートナーシップに関する包括的及び先進的な協定」日付なし（https://www.cas.go.jp/jp/tpp/tppinfo/kyotei/tpp11/pdf/1804tpp11_gaiyou_koushin.pdf）、内閣官房ホームページ。また、外務省「環太平洋パートナーシップに関する包括的及び先進的な協定の説明書」日付なし（https://www.mofa.go.jp/mofaj/files/000351512.pdf）、外務省ホームページも参照。
2）「日EUのEPAが2月1日発効へ　ワインやチーズ安く」『朝日新聞』（電子版）2018年12月21日（https://www.asahi.com/articles/ASLDN4CTQLDNULFA01G.html）。
3）山本満『日本の経済外交──その軌跡と転回点』日本経済新聞社、1973年、12頁。

目　次

● 経済外交を考える ●

◆第1章◆
経済外交とはなにか

　経済外交という「魔法の杖」の使い方について考えるためには、まず、この「魔法の杖」がどのようなものなのかについて、ある程度知っておく必要があるだろう。そこで本章では、経済外交とはなにかが本格的に議論されるようになった第二次世界大戦後に目を向け、「魔法の杖」をめぐる先人たちの教えに耳を傾けてみたい。

　まえがきでも少し触れたように、「魔法の杖」が必要とされるようになったのは、「日本の戦争」が未曽有の敗戦に帰結した、戦後のことだった。日本の軍事的な行動が敗北に終わり、植民地や勢力圏の喪失と国土や産業の徹底的な破壊を経験したことで、日本は世界で「信用」を失い、日本のかたちも大きく変わってしまったからである。そのため、日本経済の再建を考えるにはまず、「新しい」日本（戦後日本）のあり方を再定義し、戦後の世界のなかでそれを認めてもらう必要があった。いわば、「古い」日本とその国際的な基盤が失われた第二次世界大戦後の世界のなかで、「新しい」日本の居場所をなんとか見出そうとするために、「魔法の杖」は生み出されたのである。

　このことは、二つのことを意味している。一つは、「魔法の杖」の使い方を記した正統な「魔術書」が、いまだ存在しないということである。なぜならば、日本の居場所をめぐる理解が、時代により、論者により異なっていたからである。

　またもう一つは、「魔法の杖」とはどのようなものであり、これからどんな「魔法」を繰り出すべきなのか、について考えることが、その使い手である「魔法使い」のタイプ（日本のあり方）を考えることでもある、ということである。「攻撃魔法」を繰り出すべきなのであれば（世界の）前線で戦う「魔法使い」として居場所を占めるだろうし、「防御魔法」や「回復魔法」を繰り出すべきだとされれば、（世界の）後衛でだれかを補佐する「魔法使い」として位置付けられるだろうからである。

　それでは、経済外交という「魔法の杖」とその使い方がどう考えられてきたのか、実際にみてみよう。

◆Ⅰ　経済外交論議の開始（第一期：1952～73年） ━━

経済外交をどうみるか　経済外交とはなにか。それは、歴史的にみると二つの系譜に分けることができる。経済の動きを重視するものと、外交の意義を強調するものである[1]。

　ここでは、この二つの系譜がどう変化し、いまどうなっているのかを知るために、戦後を三つの時期に区切って概観していきたい。

◇　1　経済的原理を解放する
①　経済外交とは

「経済を解放する外交」　経済の動きを重視するものの代表は、1957年～60年まで岸信介内閣の外務大臣を務めた、藤山愛一郎である。

　岸内閣の成立とともに1957年に創刊された「外交青書」（『わが外交の近況』）は、経済外交を「わが国外交が現在当面する重要課題」の一つとしてはじめて掲げた[2]。財閥（藤山コンツェルン）の二代目で、戦前から日本商工会議所会頭など経済界の要職を歴任してきた藤山は、そこで経済外交を推進するために、外相を任されることとなったのである。

　その藤山によれば、経済外交とは、経済の動きに対するさまざまな障壁を取り払い、経済本来の動きを解放するための外交であった。というのも、第二次世界大戦における、戦時体制の強化や敵対関係の拡大の結果として、貿易制限や為替制限が戦後の世界にもまだ残っていたからである[3]。

　経済が本来のかたちで動けるよう、障害を除去し、経済の動きを解放するための外交が必要とされたのである。

民間経済外交の登場 この経済外交の系譜に意義付けられるのが、1960年代半ばに財界から打ち出されるようになった、民間経済外交であった。というのも、そこでいう"経済外交"とは、経済に対する障壁の除去にとどまらない、民間の対外的な経済活動に対するバックアップをも含んでいたからである。

こうした"経済外交"が強調されたのは、一方で政府の経済外交に対する財界人の不満が、他方で民間の"経済外交"に対する自負が、その背景にあった。民間経済外交とは、民間人（あるいは、民間の経済団体）による国際会議の参加や経済使節団の派遣などを指すが、財界からすれば、こうした動きが陰に陽に政府の経済外交をもサポートしているのに、政府が民間のバックアップに消極的なのはバランスを欠くのだというわけである。

いわば、民間の経済取引を積極的に推し進める"経済外交"が、政府による経済外交の延長線上に強調されることとなったのである。

② 経済外交の方向

戦後日本のあり方 この二つの経済外交、政府による経済外交と民間の"経済外交"は、その違いにも関わらず、経済を重視する以外にも、日本が目指すべき方向について少なくとも三つの見解を共有していた。

このことは、経済外交を考えることが、戦後の世界における日本のあり方（戦後日本）をどう考えるのかということと密接に結び付いていたことを示している。

「先進国」が第一 一つは、アメリカや西欧諸国のような、「先進国」との関係を第一に考えがちだということである。

たとえば、藤山は、1960年代に顕在化しつつあった「途上国」との

格差の問題（南北問題）を念頭におきつつ、日本の経済外交の方向に関してこう述べている。すなわち、まず「先進国」とのあいだで経済を自由にし、外貨（ドル）を蓄積してから、「途上国」における経済の建設に乗り出すべきである、と。貿易関係の重心を「途上国」におくと、ドルがなくなったとき関係が行き詰まってしまうからだ、というのがその理由だった[4]。

日本経済を優先　このことが意味していたのは、経済外交のまず目指すべき方向が、日本経済の成長や発展の制約の一つとなっていた、外貨不足による「国際収支の天井」の払拭にあったということである。日本経済の成長や発展が最優先に考えられていたのである。

　これについては、民間経済外交の提唱者たちがよりはっきりと指摘している。民間の"経済外交"に対しては「商売中心」だという批判もあるが、西欧諸国などは在外公館が民間の商売を後押しすることで貿易振興を図っているのだから、日本もそうすべきだ、と[5]。

　つまり、民間の"経済外交"も、それをバックアップすべき政府の経済外交も、西欧諸国に対抗して日本の商売を最優先にするのが望ましいとされていたのである。

「自由主義」の尊重　そのため、(a)貿易に対する障壁を取り払い、貿易をはじめ経済関係をより自由にする（経済の自由化）のみならず、(b)経済関係のあり方に口出しをする外交上の自由をも確保する（経済に対する自由化）ことが必要であった。

　いわば、「自由主義」が経済外交の基礎に据えられていたのである。

ま と め　このように、経済の動きを重視する経済外交のこの系譜は、日本経済の成長や発展を最優先にするために、経済の自由化を推し進める「先進国」との経済関係を第一に考えながら、同時に、日本

の外交に対する自由度をも確保しようとするものだった。経済外交を考えることは、それが目指すべき方向を考えるというかたちで、戦後日本のあり方を考えることにつながっていたのである。

◇　2　経済的原理を制御する
① 経済外交とは

「経済を制御する外交」　これに対して、外交の意義を強調するものの代表は、経済学者の都留重人である。都留は戦前、ハーバード大学で研究を重ね、戦後直後には、外務省や経済安定本部において日本経済の再建に関わる構想を立案したり、最初の「経済白書」(『経済実相報告書』)の執筆に携わったのち、一橋大学に移り、経済研究所長や学長を歴任した。

　都留によると、経済外交とは、経済の動きに任せていてはうまくいかないものを、外交で制御し動かすためのものであった。なぜならば、アジア諸国の開発のような「途上国」が直面している問題と向き合うには、「経済人の勘定」を「ある程度無視する」ような努力が不可欠だからである。藤山のいう、経済本来の動きを解放するだけでは問題は解決されない、というのが都留の立場だった[6]。

民間経済外交批判　そのため、こうした理解に基づけば、民間経済外交というのはある意味邪道なものであった。というのも、開放経済のもとでは民間によるなにかしらの経済活動が起きているため、経済の動きのままに任せていると、一部の人たちの手で対外経済関係が形成されてしまうからである。

　外交とは、「国民的利益」という民主的な基盤のうえで政府によりなされるものだから、一部の人たちの利益に基づいた活動は必ずしも外

交とはいえない、とされたのである[7]。

　ただ、都留は、民間経済外交それ自体を否定していたわけではなかった。なぜならば、政府による経済外交を推し進める手段として民間人が用いられているならば、それは民間外交だということもできる、と述べていたからである[8]。

② 経済外交の方向

戦後日本のあり方　では、この外交の意義を強調する経済外交の系譜は、日本が目指すべき方向についてどう理解していたのだろうか。

　これも三つにまとめることができる。

アジアが重要　一つは、アジア諸国をはじめとする「途上国」との関係をまず重視しているということである。

　たとえば都留は、財界が「先進国」向けに数多くの使節団を送り、さらなる関係の強化を目指していることに触れ、こうした動きは、南北問題に向けるべき注意をそらすものだと指摘している。というのも、「先進国」との関係においては、貿易自由化のように経済本来の動きを解放すれば問題は解決するかもしれないが、経済関係の前提となる部分の建設がまず必要な「途上国」との関係では、経済的な「勘定に合うかどうか不確かな点がしばしばある」からである[9]。

　いわば、「先進国」との関係を第一に考え、経済を重視しようとすれば、その動きを阻害しうる外交は邪魔になり、アジア諸国との関係を深めようと外交の意義を強調すれば、経済の動きは制限されねばならない。日本はそのなかで目指すべき方向の選択をせまられているのだ、と都留は指摘していたのである。

世界経済を考慮　ではなぜ、アジアとの関係を重視していたのか。そ

れを理解するには、すでに触れた民間経済外交に対する都留の批判を
思い返すのが役に立つ。なぜならば、この国内向けの議論を国際的に
広げてみれば、「先進国」のみで経済関係のあり方を決めることは、事
実上アジア諸国をはじめとする「途上国」の意向を無視することにつ
ながる、というふうに読めるからである。

　開放経済のもとではなにかしらの経済活動が起こっているので、経
済の自由に任せていると一部の人びとが経済関係をつくってしまう、
だから、みんなの意見が反映されるよう経済を民主的に制御するため
に、国内では「国民的利益」に基づいた外交が、対外的にはアジア諸
国をはじめとする「途上国」との関係を重視することが、それぞれ必
要なのだとされたのである。

「漸進主義」の尊重　それゆえ、日本経済の成長や発展のために「先進
国」との関係を第一に考え、経済を自由にすることが、純経済的に正
しいとしても、それだけではダメだということになる。なぜならば、
世界は経済だけでは動いていないからである。これは、日本経済の成
長や発展を最優先に考える立場と比較すると、「漸進主義」を尊重する
ものだといえるだろう。

　経済を放っておいたことで起こりうる問題は外交で制御しながら、
日本経済の成長や発展を世界経済の成長と発展のなかで実現すること
が目指されていたのである。

ま と め　つまり、外交の意義を強調する経済外交のこの系譜は、ア
ジア諸国をはじめとする「途上国」との関係を重視するというかたち
で世界経済を考慮しつつ、経済本来の動きを解放する経済の自由化だ
けでは解決できない問題に外交で取り組もうとするものだったのであ
る。

◆II　経済外交論議の転換（第二期：1973〜97 年）━━━

　ただ、この経済外交の二つの系譜は、1973 年のオイル・ショックとともに問い直しをせまられることとなる。というのも、1950 年代半ば以降、年 10% 以上の割合で拡大した日本経済の成長（高度経済成長）が、これを機に突如、終わりを告げたからである。

◇　1　経済的原理を優先する

①　経済外交とは

「経済を優先する外交」　こうして、日本経済の成長や発展を最優先する、経済外交における経済重視の系譜は変容を遂げ、「自由主義」のいっそうの徹底を掲げるようになる。なぜならば、OPEC（石油輸出国機構）諸国のような産油国や、南北問題緩和のために特恵関税や一次産品協定を求める「途上国」のように、貿易をはじめとする経済関係のあり方を人為的（外交的、政治的）に決めようとする国ぐにの動きが、1973 年以降の問題のもとにあるのだと考えられたためである。

　それが、経済本来の動き（経済的原理）を解放するのみならず、経済的原理そのものを優先しようとする、「新しい」理解であった。

民間経済外交の変容　その結果、政府による経済外交の延長線上に意義付けられていた民間経済外交のありようもまた問い直されることとなった。オイル・ショックに加え、1980 年代になると、民間だけでは手に負えない、「途上国」における累積債務危機のような問題が顕在化してきたためである[10]。

　このことは、民間経済外交が、政府による経済外交と二人三脚で展開される必要があるということを意味していた。累積債務問題に対処

するには、民間のみならず、債権国・債務国政府や、IMF・世界銀行による助けが不可欠だったからである。

　事実、民間経済外交を主張する論者たちからは、かつてのような、政府による経済外交を批判する声が聞かれなくなっていた。政府の経済外交と民間経済外交との境目は、経済外交を担う主体の違い（政府なのか民間なのか）にすぎないものとなっていったのである[11]。

②　経済外交の方向

市場メカニズムの尊重　では、ここで優先されるべきだとされた経済的原理とはなにか。それは、市場メカニズムであった。というのも、この時期のさまざまな経済学者や政策決定者が述べているように、食料や原材料、エネルギー資源などの価格は、オイル・ショックのときのように生産者が一方的・人為的に決めるのではなく、市場における生産者と消費者との需給関係によって決定されるべきだからである[12]。

　市場をつうじた経済の自由なメカニズムこそが尊重されなければならなかったのである。

自由貿易体制の擁護　しかし、もしそうだとすると、（経済）外交という人為的な関与はまったく不必要になってしまうのではないか、という疑問が浮かんでくるが、この系譜の論者からすると、そうではなかった。なぜならば、主として「先進国」とのあいだに成立している自由貿易体制を維持・拡大するために、経済外交は不可欠だとされたからである。貿易に対する障壁を取り払うのみならず投資のための環境を整備したり、より広い自由貿易地域の形成に寄与したり、あるいは自由貿易の原則に反した振る舞い（たとえば、輸入制限や関税引き上げ

など）に抗議したりそれを是正したりするのが、その役割として強調されたのである[13]。

　いわば、経済外交には警察的、あるいは司法的な機能が求められるようになったのである。

まとめ　つまり、経済を重視する経済外交の系譜は、オイル・ショック以降になると、日本経済の成長や発展をいっそう推し進めるために、「先進国」とのあいだの経済体制（自由貿易体制）の維持・拡大を第一に考え、そこでの経済関係をより自由にする（市場メカニズムの尊重）と同時に、そのあり方を阻害する振る舞いに対抗する自由をも確保しようとするものとなったのである。

◇　2　経済的原理を管理する
① 経済外交とは
「経済を管理する外交」　これに対して、世界経済の成長や発展のなかで日本経済の成長や発展を目指してきた経済外交のもう一つの系譜もまた、オイル・ショックを経験するなかでその問い直しをせまられることとなった。というのも、経済の動きを重視する系譜の人たちは、経済的原理（市場メカニズム）にすべてを委ねればこの世界の問題は解決できると主張しているが、外交の意義を強調する立場からすると、それははなはだ疑問だったからである[14]。

　いわば、経済は、外交のようななんらかの人為的な関与によって管理される必要があったのである。

② 経済外交の方向
市場メカニズムの限界　では、なぜそういえるのか。ここで、この立

場の論者たちが挙げたのが、経済的原理を優先する必要性を経済重視の系譜の論者たちに意識させた、石油の問題だった。というのも、オイル・ショック以後の石油価格の落ち着きが石油の供給過剰によるのであれば、（市場メカニズムを重視する人たちのいうように）市場のルールにあてはまるのかもしれないが、もしそれが「先進国」をはじめとする世界の不況にともなう需要減退によるのであれば、石油価格の上昇を回避しようとするかぎり、世界はこれからも不況を続ける必要があることになってしまうからである[15]。

　石油の需給関係をめぐる問題は、市場がどんなにうまく動いても処理できない問題があるかもしれないこと、すなわち人為的な関与の必要性を示唆していたのである。

自由貿易体制の問題　こうした疑義は、「先進国」との関係を第一に考え、主に「先進国」とのあいだに成立していた自由貿易体制を維持・拡大すべきだという主張にも向けられた。というのも、オイル・ショック以後の世界の問題が、OPEC諸国にみられる「途上国」の台頭と、アメリカの国際的な地位の低下にあるのだとすれば、日本がアメリカをどう支えるのかという、対処のむずかしい問題が出てきてしまうからである[16]。

　そのため、もし自由貿易体制を考えるとしても、たとえば環太平洋やアジア太平洋のような一つの地域を考えなければならない、「地域主義」でいかなければならない、というのが、これらの論者たちの答えだった。ただ、これすらも、「自由主義」を尊重する国ぐににあてはまるだけで、たとえば既存の自由貿易体制に反対する国ぐにに対する答えにはならない。この立場の代表的な論者である、経済学者の加藤寛は、経済外交に関してこう述べている。

市場のルールにしたがって考えることのできない問題として、ここに石油の問題をあげたわけですけれども、その問題を除いた市場のルールは世界の現在の問題の解決にとっては、非常に無力なものではないだろうか。つまりそういうことを考えなきゃならないところに、実は経済外交があるのであろう。市場のメカニズムから除いてしまった問題が、実は最も重要な問題なんで、それをどう経済外交の中に組み込むかということが解決されない限りは、私はこの解答は十分な解答にならないのではないかと考えます[17]。

ま と め　つまり、経済の動きを重視する立場からすれば、オイル・ショック以後の「新しい」経済外交は、経済的原理（市場メカニズム）を尊重した自由貿易体制の維持・拡大を目指すべきだとされたが、外交の意義を強調する論者たちからすれば、そこに含まれない問題こそが重要なのであって、それらを外交のような人為的関与でどう管理していくのかを考えることこそが経済外交なのだとされた。世界経済のなかで日本経済の成長や発展を実現するためにも、1970年代以降の世界が直面するこの問題が解決される必要があったのである。これは、「自由主義」のいっそうの徹底を目指した経済重視の系譜との対比でいえば、「漸進主義」のいっそうの推進だといえるものであった。

◆III　経済外交論議の終焉？（第三期：1997年〜）

　ただ、こうした「新しい」経済外交の二つの系譜は、「冷戦」の終焉（1989年）、バブル経済の崩壊（1990年）、そしてアジア通貨危機（1997年）と、日本と世界が変化にさらされるなかで、三たび問い直されることとなった。

◇　1　経済外交戦略の台頭

「経済を取り戻す外交」　この時期の議論の重要な特徴の一つは、これまでの経済外交論議をめぐる二つの系譜が、日本経済に対する、さらにいえば戦後日本そのもののあり方に対する危機感のもと、戦略というかたちで一つに融合していったということである。

　それは、日本経済の成長と発展に彩られた戦後日本の再現を目指したものであった。「世界にもう一度向かってい」く、あるいは、より端的に「取り戻す」というスローガンのもと、経済も外交も戦略的に動員する、「オールジャパン体制」による経済外交が求められたのである[18]。

市場メカニズムの再考　そのためにまず必要とされたのが戦略の練り直しであり、市場メカニズムにすべてを委ねるという姿勢の見直しであった。というのも、一方では、グローバリゼーションの恩恵を享受しつつアメリカ化には対抗しながら、他方では、台頭しつつある中国（中華人民共和国）との戦略的関係を結びつつその「国家戦略」には対峙する必要があったからである[19]。

　こうして、日本がとるべき経済外交戦略は、一面で主にアジア地域における日本主導の地域主義のなかにアメリカを取り込みつつ、他面でそれが中国主導のものに回収されないようにすることだということになる。戦略としての経済外交のもとでは、経済も外交も、戦後日本を取り戻すために「オールジャパン体制」で動員されるべきものだから、経済の動きを重視するとか外交の意義を強調するだとかの議論は、もはや不要なのだされたのである。

自由貿易体制の再検討　この当然の帰結が、日本主導による地域的な貿易協定の重視であった。たとえば、少し前にはFTA（自由貿易協定）

や EPA（経済連携協定）があちこちで締結され、こんにちでは TPP（環太平洋パートナーシップ）協定や RCEP（東アジア地域包括的経済連携）などが問題になっているが、これらはその一環だといえるだろう[20]。

　いわば、地域主義に基づいた自由貿易協定の重視は、これまで主に「先進国」とのあいだで形成されてきた自由貿易体制をそのまま引き継いだものではない点で、その再検討を目指したものであった。

◇　2　経済外交論議の変質

　ここには、これまでの経済外交論議のどの部分が捨て去られたのかが明確に表れている。

世界経済に対する考慮の消失　一つは、世界経済を考慮するという、第一期における外交の意義を強調する立場で、これは日本経済の成長や発展を再現する（「取り戻す」）という戦略のもと、地域主義にとってかわられた。

　世界経済の成長や発展のなかで日本経済の成長や発展を考える発想が捨て去られたのである。

経済と外交の矛盾は意識せず　また二つは、経済と外交の動きが矛盾し対立しているのではないかという、第二期までの考えが完全に消失してしまった。

　そもそも、経済外交を考える必要があったのは、藤山や都留が議論していたように、経済という「自然」に動く力を持つもの（経済的な原理）と、外交という「意図的な政策」（人為的な関与）とが矛盾するからであった。この二つのあいだにどう折り合いをつけるのかが問題とされてきたのである。

　しかしながら、経済と外交の矛盾が意識されないのであれば、経済

外交のあり方を議論する必要はもはやない。経済と外交の関係を考える必要がないからである。戦後日本を取り戻すという戦略のもと、経済であれ外交であれ、それぞれのよい部分を使えばよいではないか、というのが、三たび問い直された経済外交論議の結論だったのである。

いま、経済外交を考える　経済外交とはなにかを議論する必要がなくなったことは、もちろん、経済外交それ自体がなくなったことを意味しない。だが、経済と外交の必要な部分、よい部分を使えばよい、という発想の背後にある前提には注意が必要だろう。というのも、それは、経済と外交の不必要だとされた部分、「悪い」部分が、だれかに／どこかに押し付けられることを示唆しているからである（その意味で、バブル経済崩壊のときの不良債権や、リーマン・ショックのときのサブプライム・ローンがその後どうなったのかは一考の価値があるだろう）。

　これが、いま、経済外交を考えなければならない一番の理由である。わたしたちは現在、だれかの経済的あるいは外交的な行動の結果として、本来背負う必要のないリスクやコストを押し付けられる可能性がある世界に生きている。では、どうすればよいのか。方法は一つ、なぜこんなことになってしまったのかを知り、解決策を模索することだろう。そのためにはまず、これまでの経済外交の歴史を振り返る必要がある。

　それでは、経済外交はなぜ生まれ、どのようなあゆみを経て、いまに至ったのか。次章以降ではそれをみながら、経済外交について実際に考えてみよう。

第1章　経済外交とはなにか

［注］

1）詳しくは、高瀬弘文「『経済外交』概念の歴史的検討——戦後日本を事例に」『広島国際研究』2013 年を参照。

2）外務省編『わが外交の近況』外務省、1957 年、8 -10 頁。

3）都留重人ほか「経済外交と日本の立場（座談会）」『中央公論』1963 年 1 月、118 頁。

4）たとえば、堀越禎三ほか「国際経済の新展開と経済外交の進路（座談会）」『経団連月報』1964 年 6 月、21-23 頁および 27 頁；佐藤喜一郎ほか「民間経済外交の役割と成果（座談会）」『経団連月報』1967 年 12 月、22 頁、24-26 頁および 29-30 頁；足立正ほか「これからの民間経済外交はどうあるべきか（1）—— 6 月 27 日の民間経済外交推進懇談会から（座談会）」『東商』1966 年 8 月、22 頁。

5）都留ほか、前掲座談会 118-119 頁。

6）佐藤ほか、前掲座談会 24-26 頁および 29 頁；堀越ほか、前掲座談会 21-23 頁および 27 頁。

7）都留ほか、前掲座談会 122 頁。

8）都留重人「日本の経済外交批判」『経済評論』1964 年 7 月、78-79 頁。

9）同上。

10）都留ほか、前掲座談会 122 頁。

11）今井賢一ほか「資源不足への対応と今後の経済外交」『季刊現代経済』1974 年 6 月、22-30 頁。

12）居林次雄「民間経済外交　3」『企業会計』1983 年 11 月、119 頁。

13）高瀬、前掲論文 31 頁。

14）高瀬弘文『戦後日本の経済外交 II——「近代を超える」時代の「日本イメージ」と「信頼」の確保』信山社、2019 年、270-272 頁。

15）今井ほか、前掲 46-47 頁。

16）加藤義喜ほか「世界のなかの日本経済——資源なき国・日本の生きる道を求めて（シンポジウム　日本の経済外交）」『自由』1976 年 6 月、155-157 頁および 175-177 頁；山本満、田中直毅「日本の経済外交を考える——基調報告を受けて」『経済評論』18-19 頁、21-22 頁。

17）加藤ほか、前掲シンポジウム 155-156 頁。

18）同上。

19）同上。

20）片山さつき「財務省関税局関税企画官　片山さつき——日本主導で東アジア経済圏を築いて、貿易立国の強みを取り戻す！（自由貿易協定　問われる日本経済外交の真価）」『財界』2002 年、64 頁；加藤正夫「劣勢続く経済外交　いまや『政府の力』が物を言う国際商談　問われる『官民一体』新オールジャパンの力量」『ニューリーダー』2010 年 6 月、10-14 頁；藪中三十二「第 28 回世界経済評論フォーラム　新年特

別講演　国家の命運——外交の修羅場で考えた危機と希望（特集　岐路に立つ日本経済外交）」『世界経済評論』2011 年 3・4 月、14-15 頁；柴田明夫「日本の資源外交戦略——レアアース型危機を視野に（特集　岐路に立つ日本経済外交）」前掲『世界経済評論』18-22 頁。

21）成相修「『NO』といえる経済外交——『日本型』発展モデルを提示して大国主義に対抗せよ」『Voice』2002 年 6 月、178-187 頁。

22）すでに田中均「日本経済外交の新展開」『中央公論』2000 年 11 月、50-63 頁にみられたこの方向性が現在まで引き継がれていることは、外務省経済局が 2017 年から刊行をはじめた「経済外交白書」（『我が国の経済外交』）をみれば明らかである。たとえば、最新の、外務省経済局『我が国の経済外交　2020』日本経済評論社、2020 年、22-30 頁を参照。

第 2 章

経済外交の誕生── 世界に認めてもらう

第1章でみたように、経済外交という「魔法の杖」がどのようなものなのかについては、経済の動きを重視するものと外交の意義を強調するものという二つの系譜があり、どんな「魔法」を繰り出すべきなのかについては、日本経済の成長や発展そのものを重んじる「直接魔法」系と、世界経済のなかで日本経済を考える「間接魔法」系の二つがあることが明らかになった。

ただ、このことからわかるのは、「魔法の杖」がどのようなものなのかを考え、どんな「魔法」を繰り出すべきかを議論することが、その使い手である「魔法使い」のタイプを考えることと密接に結び付いていたということである。これを少し硬いコトバでいうと、経済外交を考えるということは、その目指すべき方向を考えるというかたちで、日本のあり方、すなわち世界における日本の位置付けと役割を考え、明らかにすることと同義だったということだ。もしそうなのだとすれば、経済外交を考えるにあたり、一般に試みられている経済や外交に着目する方法に加え、日本（とくに戦後日本）の再定義にも目を向けつつ、検討する必要があるのである。

もちろん、国内の経済的な要請（日本経済の成長や発展、食料や原材料の確保、輸出市場の開拓など）が経済外交に含まれていたことは否定できない。しかしながら、もし、そのことがメインなのであれば、対外経済政策（経済政策の対外的な部分）といえばよかったわけである。

経済外交というかたちで、内政とは一応区別された外交を掲げる必要があったのは、国内の経済的な要請から切り離された目的（日本のあり方を明らかにし、認めてもらう）が含意されていたのである。外交に経済的な側面があるのは当然だということを考えると、そもそもなぜ、経済外交という「魔法の杖」が必要とされたのかについて、もう少しその起源を探ってみる必要がありそうである。

そこで本章では、経済外交が誕生してきたプロセスについて、その歴史を紐解いてみよう。

◇ 経済外交の揺籃──戦間期

「平和」的な外交の必要　経済外交というコトバは、第一次世界大戦と第二次世界大戦のあいだ（戦間期）に起源がある。

　もっとも早いものとしては、第一次世界大戦中の 1915 年に使われた例が確認できるが[1]、外交の場でみられるようになったのは、幣原喜重郎が外務大臣を務めた 1920 年代であった。幣原外交に対する批判を擁護するために、小村欣一外務省情報部長が考案し使いだしたのだとする説が有力である[2]。

　第一次世界大戦の悲惨さを受け、かつてのように力の行使を背景とした外交が困難になりつつある国際環境のもと、幣原外交は、日本の経済的な利益を確保するにあたり、より「平和」的な方法を試みた。だが、それを「弱腰」だとする批判が国内から上がったため、この「新しい」外交を擁護する必要が出てきた。これまでの（より軍事的な）「政治外交」に代わる「平和」的な外交として、「經濟外交」が掲げられたのである。最後通牒を突き付け、日本の権益を認めさせた、1915年の対華 21 カ条要求にはじまる日支条約のようなやり方は、国際的に困難だと認識されていたのである。

「經濟外交」の隆盛　このような認識は 1930 年代にも部分的に引き継がれ、「經濟外交」は、廣田弘毅外相の時代に大いに展開され、盛んに論じられるようになる。

　世界恐慌（1929 年）にともなう保護貿易主義の台頭、満州事変（1931年）に起因する排日ボイコット、円為替安を背景にした日本の輸出攻勢に対する日本製品の排斥などに、対処する必要があったのである[3]。

国内経済政策の延長　ただ、ここでいう「經濟外交」とは、戦後のものとは大きく異なっていた。それらはあくまで、幣原外交のときと同

様、これまでの「政治外交」に対するアンチテーゼとしてとらえられていたからである。

　このことが意味していたのは、「経済外交」が「政治外交」よりも国内経済政策の延長線上に意義付けられていたということだった。廣田がはっきりと述べているように、「経済外交は要するに金を餘計に儲けさへすればよい」のであり、そこでいう「外交の使命、理想」とは、「各國間の關係を平和の手段によつて整調し、一國の文化と、経済的發展とを圓滑理に行う」ことだったのである[4]。

　いわば、「政治外交」が従来取り扱ってきた「通商条約なる長期的取極」ではなく、「通商協定なる短期的取極」の締結により、これまで以上に国内の経済的な要請を反映する「経済外交」が必要となったのである[5]。

戦後の「経済外交」との違い　こうした違いは、「政治外交」と「経済外交」との関係をどう考えるのかをみれば理解することができる。というのも、戦間期においては、「政治外交より経済外交へ」という表現にあらわれているように、(「古い」)「政治外交」が(「新しい」)「経済外交」と対置され論じられていたからである[6]。

　これを、第1章でみた、「経済外交」は「政治外交」でもあるという、戦後の藤山愛一郎による主張と比較してみると、その差異は明らかだろう。なぜならば、藤山は、経済の動きを解放するために、第二次世界大戦のときにできた経済に対する障壁を外交により取り払うことが重要だと理解していたため、経済の動きの解放に目を向ければ「経済外交」だといえるが、経済に対する障壁の除去に注目すれば「政治外交」ともいえるのだと議論していたからである。

　それゆえ、戦間期の「経済外交」は、日本が戦争に突入すると、戦

時体制のもとで意味を失い、「経済外交」というコトバもしだいに聞かれなくなっていった。こんにちのような意味での経済外交という「魔法の杖」が生まれたのは、日本が未曽有の敗戦を経験した、第二次世界大戦後のことである。ではなぜ、経済外交は戦後必要とされたのか。そこでまずは、「新しい」日本とその経済外交がおかれることとなった、戦後の世界について概観してみよう。

◆Ⅰ　経済外交を(再)構想する──戦後初期

◇　1　日本を取り巻く国際環境

ゲーム盤──「冷戦」　第二次世界大戦後の国際関係を彩っていたのは、米ソ対立あるいは東西対立を基調とした「冷戦」という対立状況だった。二つの体制が敵味方に分かれてぶつかり合い、お互いがこれを「民主主義（自由主義）」vs.「共産主義」、もしくは「資本主義」vs.「社会主義」だと定式化することで、非妥協的に対峙していたのである。

　「冷戦」はもともと、大戦後のヨーロッパの処遇をめぐるアメリカ（アメリカ合衆国）とソ連（ソビエト社会主義共和国連邦）の対立（たとえば、ドイツやポーランドをどうするか）に端を発していたが、それは、はじまってみると、三つのパターンを持つこととなった。

グローバル化　一つは、グローバル化である。

　「冷戦」は、アメリカとソ連という二つの超大国を頂点とする、西側と東側二つのブロック（陣営）の対峙、すなわち維持を基調としていた。だが大戦後、ヨーロッパの周縁部やその外側、とくに第三世界においてかつての勢力圏や植民地が独立するにあたり争いが起こると、

相手側陣営の優位や拡大を恐れ、両者がこれを管理するために、軍事的・経済的な支援を与えるなどの介入をすることとなる。朝鮮戦争やインドシナ紛争、ベトナム戦争のような「熱戦」、あるいはギリシャやトルコに対するアメリカの支援（トルーマン・ドクトリン）や日本に対するガリオア・エロア援助などがその一例である。

　こうして、世界の旧植民地が独立するにつれ、「冷戦」という対立状況は世界大に広がっていくとともに、それが増幅される仕組みができあがっていくこととなる。なぜならば、第三世界のほうも、このグローバル化の動きを逆にたどって、米ソ両陣営の対立を利用しようとしたからである。非同盟という、どちらのブロックにも属さないという立場をとりつつ、必要に応じて米ソ両陣営からの援助を引き出そうとしたのは、その一つのあらわれであった。

トータル化　また二つは、トータル化である。

　グローバル化のパターンは、それに対応するブロック内および国内での措置を必要としたから、「冷戦」という対立状況がグローバル化したのと似た論理に基づいて、国境を越えつつ、あらゆる階層や領域を横断しながら、最終的には国内のすみずみにまで浸透することとなる。それは、イデオロギーの対立、すなわちブロックや国家のあるべき姿をめぐる対立のかたちをとり、たとえば、それぞれの国内においてさまざまな確執（日本を例にとると、対日講和のあり方や労使対立など）が起こると、相手ブロックの拡大を恐れた両陣営が、あるいはその国の政府が、それを管理しようと、陰に陽に介入しようとしたのである。

　こうして、あらゆる領域における対立はしだいに「冷戦」の一環だと解されるとともに、「冷戦」という対立状況を増幅させるもう一つの

仕組みが立ちあらわれることとなる。というのも、ブロック内および国内のさまざまな勢力もまた、グローバル化のときと同じように、このトータル化の動きを逆にたどって、米ソ両陣営の対立を利用しようとしていたからである。

　「冷戦」は、グローバル化とトータル化というパターンで、その対立状況を増幅させていたのである[7]。

主導権争い　ただ、「冷戦」という対立状況は、それを弛緩させる仕組みも内包していた。それが、（三つ目のパターンなのだが）ブロック内の主導権争いである。

　それぞれ一つのブロックとはいっても、歴史的な背景に根差した相手側陣営に対する敵対度の違いから、世界における位置や国内的要因にともなう経済政策・貿易政策の違いに至るまで、対立があったから、ブロックとしてどのような政策をとるのかをめぐり、内部で争いが起こることとなる。

　このパターンは二つのサブ・パターンのかたちをとり、そのいずれもが、ブロックの結束を緩める方向にはたらいた。一方で、自陣営内の超大国やある特定の国ぐにとの関係を深めることで主導権をにぎろうとする方向性は、それ以外の自陣営の国ぐにとの関係に軋轢を生み出し、ブロックの結束にしばしば危機をもたらした。1949年から1950年にかけて交渉された日韓通商協定は、アメリカとの関係を重視した日本政府が韓国との関係を損なった、その一例である[8]。

　また他方で、相手側陣営との交渉のパイプを確保することにより自陣営での主導権をとろうとする方向性（たとえば、日中貿易の拡大や日ソ国交回復など）は、ブロック間の対立という「冷戦」の根幹を揺るがすとともに、ブロックの結束をゆるめる新たな火種を生み出すこととと

なったのである。

両陣営の共通性　ただ、アメリカとソ連がもともと、第二次世界大戦のときにファシズムどの戦いにおける同盟を組んでいたように、この二つの陣営は、その非妥協的対立にも関わらず、背後に対話を可能とするような一定の共通性を持っていたのだということができる。事実、「冷戦」は、米ソの戦争ではなく、1989 年にマルタでの会談により終結が宣言されたのである。

そしてこのことは、日本国内に関しても同じであった。というのも、「冷戦」の激化とともに対立を深めていった資本主義を信奉するものとマルクス主義的な考え方を持つものとが、大戦直後にはともに、「新しい」日本（戦後日本）のあり方について一定の共通理解にたどり着いていたからである。では、戦後日本はどう定義されたのか、次にそれをみてみよう。

◇ 2　戦後日本を定義する
① 世界の動向
『日本経済再建の基本問題』　その成果とは、外務省特別調査委員会による 1946 年の報告書、『日本経済再建の基本問題』である。

これはもともと、大来佐武郎による戦時中からの個人的な研究に起源があり、第一回の会合は、はやくも敗戦の翌日（1945 年 8 月 16 日）に開催されていた。メンバーは 30 人ほどで、財界人や評論家、外務省や大蔵省、農林省、商工省の官僚のほか、中山伊知郎のような近代経済学者も、有沢広巳のようなマルクス主義経済学者も、ともに参加し議論していた。その報告書は、中間報告を経て、最終的に「改訂日本経済再建の基本問題」とのタイトルで一般に公表された[9]。

世界の動向　そこで、この報告書をみてみると、まず第二次世界大戦後直後の日本の状況については、端的に、「今次戦争によつて過去における我国経済存立の基盤は徹底的に破壊され」たのだと強調している（167頁）。敗戦にともない、東北アジアから東南アジアに至る旧植民地や旧勢力圏を失ったことで、日本は原材料供給地と輸出市場を喪失、周辺諸国との関係を再構築しなければならなかったことに加え、国土は荒廃、都市機能もマヒし、産業施設が打撃を受けていたなかで、賠償の支払いを求められていた。戦後の世界における「新しい」日本のあり方を模索する必要にせまられていたのである。

　ではなぜ、「新しい」日本においては経済の再建が緊要だとされたのか。それは、戦後の世界が「政治における経済問題の比重の増大」という傾向を示していたからである。報告書によると、「今次大戦の体験を通じて戦争の勝敗を決定する最も主要な要素は経済力であるといふことが切実に認識せられた」。また、戦時中における「長距離爆撃機および原子爆弾の出現」によって「世界政治は経済現象によつて支配されるとともに直接的に技術的発明によつて強く影響せられる段階に立到つた」のである（146頁）。戦後の世界においては「経済力」が重要だと認識されていたのである。

世界経済の傾向　そのため、戦後の世界経済に目を向けてみると、そこでは三つの傾向が看取された。それは、(a)それぞれの国民経済が世界経済と密接なつながりを持つようになり、(b)その世界経済は、アメリカを中心とする「組織的」な「支配体制」に移行しつつあったことにより、(c)「経済運営における計画性」が重視されるようになったことである（146-148頁）。国際通貨基金（IMF）や世界銀行、そしてGATT（関税と貿易に関する一般協定）のもととなった世界貿易機関の

設立が目指されているのはその証左だったのである（149頁）。

　報告書はこう断言している。このような「統制され組織せられた資本主義時代」は、「再び昔日の如き自由放任の時代に戻ることはないであろう」。なぜならば、「この傾向は社会進化必然の段階として押し進められ」たからである（147-148頁）。

②　日本の位置付けと役割

戦後日本の位置付け　こうして報告書は、戦争が日本経済の基盤を破壊したことをふまえつつ、日本経済再建の方向については、「平和的民主国家としての再建といふコースが唯一の方向である」と指摘する（190頁）。国民経済が世界経済と密接に結びつき、世界のなかで日本経済の再建を考えなければならない状況のもとでは、戦後の世界に受け入れてもらえるような方向を目指すべきだとされたのである。

　折りしも、敗戦とともにはじまったアメリカの対日占領政策の方向は「非軍事化と民主化」を指しており、戦後日本は「平和的民主国家」として経済の再建を図ることとなったのである。

「中間的位置」（「中進国」）　それでは、「平和的民主国家」として世界のなかで日本経済の再建を考えるということは、より具体的にどういうことなのか。報告書によると、それはなんらかの貿易の振興を重視することを意味していた。だとすれば、「今次戦争によつて過去における我国経済存立の基盤は徹底的に破壊され」た日本は、どのような貿易をすればよいのか。

　ここで報告書は、「平和的民主国家」を目指すべき「新しい」日本を戦後の世界のなかに位置付けようと試みる。すなわち、アメリカや西欧諸国（そしてソ連）のような「先進国」よりは「遅れて」いるが、「ア

ジア・アフリカ」諸国のような「後進国」よりは「進んで」いる、「中間的位置」にある「中進国」だというものである[10]。

日本の農業　たとえば、農業について、日本は一面で「欧米農業に対する低位」ではあるものの、「中国および南方農業に対する優位」だとされる。なぜならば、「欧米」に対しては、「日本農業は工作規模が零細で小作関係が重圧的であると云ふ二点によつて」「技術および経営において格段の遜色がある」ものの、「中国および南方」に対しては、技術的にも、単位面積あたりの収穫量も「日本が圧倒的優位」にあるからである（160-161頁）。

　日本が「多肥多収穫」の「高度」な「ヤポニカ」を育成しているのに対して、「印度、南方および中国の大部分」で栽培される稲は「品種の育成も不充分でかつ栽培に手数の要らぬ代りに収量も少く多分に野生の稲に近似」している「インディカ」だという事実は、報告書からすればその一つの証左であった（同）。

日本の工業　また、工業については、繊維工業を事例に、日本の労働条件は、「世界的に見れば欧米に比しては著しい低位にあるが東亜諸国に比しては幾分高位にあると謂ふ中間的性質を持つ」のだという。というのも、「日本の紡績労働者の賃銀は中国および印度の労働者に比し僅かに高位にあるが欧米に比すれば遥かに低位にある」のだが、労働生産性については、「中国、印度に比し高く、欧米に比しやや低い」からである（158-159頁）。

「新しい」日本の役割　こうして、この報告書の議論は、戦後の世界における「新しい」日本の役割について一つの方向性を示唆する。それは、「東亜諸地域」とのあいだに「分業協力関係」を再構築する、というものである。なぜならば、日本の工業は、たとえば「東洋諸国」に

対しては「高度の段階にある」ため、日本はこれら諸国に対して、比較的高度な技術を生かして工業製品を輸出することができ、またその見返りとして、食料や原材料を輸入することが「極めて自然」だからである（199-200頁）。

「欧米」に対しては、日本の工業製品が「質的に幾分遜色がある」とされたため、日本製品の輸出拡大は現時点では困難だとされたのである。

③　経済外交の方向

「信用の回復」──世界に認めてもらう　ただ、戦後の世界における「新しい」日本（戦後日本）の位置付けと役割をいくら明らかにしても、それを実際に世界の国ぐにに認めてもらえなければ、意味がない。ここで報告書が重要視したのが「信用の回復」である。

ふたたび戦争をしたり植民地支配をしたりするようでは、日本との貿易をすすめたり、日本に投資したりすることに躊躇が出てきてしまうかもしれない。貿易を振興し、日本経済の再建に必要な資金を海外からえるためにも、日本は「平和的民主国家としての再建といふコース」をとることを世界に示し、「中進国」日本として戦後の世界に認めてもらう必要があったのである。

賠償支払いの必要　では、この戦後日本のあり方を世界に認めてもらうにはどうしたらよいのか。ここでとくに強調されたのが賠償支払いである。

報告書はもちろん、賠償支払いの緩和を望んではいた。なぜならば、この時期に計画されていた賠償は、日本経済再建の要諦だと認識されていた重工業施設を、戦争の再発防止の名のもとにアジア諸国に

移転しようとするものだったからである（177頁）。

　だがその一方で、賠償支払いを忠実に実施することの重要性をも認識していた。というのも、そうすることが「国際的信用恢復の第一歩」になると考えられていたからである（同）。

　こうして、国内経済政策とは一応切り離されたかたちで、戦後の世界における「新しい」日本の居場所を見出し、戦後日本を世界に認めてもらうという、「信用の回復」のための対外的な措置が必要となる。それが、対外経済政策には必ずしも収まりきらない、経済外交が必要とされた理由であった。

◆Ⅱ　経済外交を始動する──1952～73年 ━━━

　これまでみてきたように、戦後初期の日本の経済外交は、かつての戦争と植民地支配の経験を胸に、「新しい」日本（「中進国」日本）を定義し、それを「冷戦」という国際環境のなかで世界に認めてもらうことを目指していた。ただ、この「信用の回復」には多くの困難が待ち受けていた。

◇　1　「先進国」との関係

　一つは、「先進国」向けの問題である。

　戦後直後の報告書によれば、日本は「欧米」よりも「遅れて」いるとされたから、「先進国」に対する輸出は困難だと考えられていた。だが、実際には、とくに世界恐慌（1929年）以後、イギリスやオランダなど西欧諸国とその勢力圏、植民地などに向け、綿製品のように労働集約的製品の輸出に邁進し、反発を受けていた。また、戦後になっても、

「一ドル・ブラウス」と呼ばれる安価な綿製品が、1950 年代半ばにかけ、アメリカ市場に「洪水」のように輸出され、問題を引き起こしていた。つまり、「中進国」日本は、戦後直後の構想にも関わらず、「先進国」に対して、品質は劣れども、労働集約的製品の輸出が可能だということを実証しつつあったのである。

　こうして、「中進国」日本を「先進国」に認めてもらうということは、日本が「先進国」に対して労働集約的製品を輸出する役割を担っている、ということをめぐる国際的な承認を意味するようになっていった。

日本の GATT 加入　ただ、これに主に反対したのが、戦間期、日本の輸出攻勢の被害にあっていた、イギリスをはじめとする英連邦諸国であった。

　戦後の世界経済がアメリカによる「組織的」な「支配体制」だと認識していた日本のエリートたちは、その中核にある GATT への加入を目指すこととなる。だが、イギリス政府は、日本の GATT 加入申請に対して反発、不当に安価な製品を生産・輸出する日本の「低コスト構造」が改善されなければ日本の加入は認められない、と強調したのである[11]。

　こうしたイギリス側の懸念が、「一ドル・ブラウス」問題により証明されつつあるようにみえるなか、日本は、後述する国際環境の後押しとアメリカのバックアップもあり、1955 年、GATT に正式に加入でき、「新しい」日本は認められたかにみえた。が、イギリスやオーストラリアなど 14 か国は、こんどは GATT35 条を援用し、日本に最恵国待遇を与えることを拒否、日本政府は、これら諸国との二国間交渉において再度、「中進国」日本を認めてもらう努力を必要とされたのであ

る。

GATT35条の撤回　それゆえ、日本政府は、GATT 加入の直後から GATT35 条援用の急先鋒であるイギリス側との交渉に乗り出した。

　度重なる討議の結果、交渉は 1963 年にようやく妥結、「一ドル・ブラウス」問題のときと同様、日本側がイギリスに対する輸出を自主的に規制する（自主輸出規制）ことで、イギリス政府は GATT35 条の援用撤回を宣言することとなる。これを皮切りに、オーストラリアも 1963 年に、フランスとベネルクス三国（ベルギー、オランダ、ルクセンブルク）は 1964 年に、相次いで日本と GATT 関係に入ることを表明、「中進国」日本はなんとか「先進国」に受け入れられることとなったのである。

◇　2　「後進国」との関係

　これに対して、もう一つの「後進国」との関係において、「中進国」日本を認めてもらうこととは、戦後直後の報告書が示していたように、日本が、食料や原材料を輸入し資本集約的製品（重工業製品）を輸出する役割を担っている、ということに対する国際的な承認を意味していた。

賠償支払い問題　こうして、「国際的信用回復の第一歩」だとされた賠償支払いの問題に、日本の政策決定者たちは着手することとなる。1951 年に締結された対日講和条約のもと、賠償を請求したフィリピン、インドネシア、ビルマ、南ベトナムとの二国間交渉がそれである。

　しかしながら、この交渉は難航する。フィリピン政府およびインドネシア政府は当初、日本の戦争被害をそれぞれ 80 億ドル、170 億ドルと見積もり、日本側が提示した 2.5 億ドル、1.75 億ドルとのあいだ

に、あまりにも大きな開きがあったからである[12]。

　ただ、日本側は、「先進国」に対する労働集約的製品の輸出が伸びつつあるなかで、しだいに「後進国」向けの貿易を中長期的な観点から考えるようになっていた。また、朝鮮半島における内戦の拡大（朝鮮戦争）が 1953 年に休戦に至り、「冷戦」という対立状況が緩和するなかで、相手側陣営である中国との接近を懸念するイギリスやオーストラリアが、東南アジア諸国との経済提携を容認するようになる[13]。アメリカはもともと、「冷戦」戦略の観点から日本と東南アジア諸国との提携を推進しており（日中貿易は、ココムと呼ばれる対共産圏輸出統制委員会のもとで厳格に制限されていた）、ここに、国際環境は完全に、日本側を後押しするようになったのである。

賠償協定の妥結　その結果、ビルマとの賠償協定（1954 年、2 億ドル、借款 0.5 億ドル）を皮切りに、フィリピン（1956 年、5.5 億ドル、借款 2.5 億ドル）、インドネシア（1958 年、2.2 億ドル、借款 4 億ドル）、そして南ベトナム（1959 年、0.39 億ドル）とのあいだで相次いで妥結、これらの諸国は、日本からの重工業製品やプラント建設などの資本集約的製品の供与を受け入れた[14]。「中進国」日本を認めてもらうという、戦後初期の経済外交の目標は、このようなかたちで、「後進国」の受け入れるところとなったのである。こうした賠償のかたちは、のちに旧植民地である韓国との協定（日韓基本条約、1965 年）においても、事実上踏襲されることとなった。

◇　3　経済外交の持つ意味

　このように、戦後初期の経済外交は、戦後日本の国際的な承認、すなわち「中進国」日本という位置付けとその役割を世界に認めてもら

うことを目指していた。それは、経済外交という、経済と外交の関係を考えるという点に立ち返ってみると、「先進国」向けであれ「後進国」向けであれ、日本経済を再建するには、まず、戦後日本を世界に認めてもらうための外交が必要だと認識していたということである。

いわば、経済的原理を生かす（日本経済の再建）には、そのための国際的な基盤を人為的関与（「信用の回復」）により形成しなければならない、というのが、この時期の経済外交の主な課題だったのである。

経済外交の推進　このことは、安保闘争を惹起した日米安全保障条約の改定（1960 年）のあと、所得倍増が叫ばれ、政治の時代から経済の時代に移ったといわれるようになってからも、変わらなかった。

日本の政策決定者たちは、すでにみた GATT35 条の援用撤回に加え、GATT11 条国移行（1963 年）、IMF8 条国移行（1964 年）、OECD 加盟（1964 年）などに尽力することで、「先進国」向けに「中進国」日本を無条件で認めてもらおうとした。

また、アジア開発銀行（ADB）の創設や東南アジア開発閣僚会議の開催を主導したことに示されているように、「後進国」向けにも「中進国」日本に対する承認を確固たるものにしようとしたのである。

国際環境の恩恵　ただ、世界経済の成長の恩恵を受けつつ、年 10% 以上の高度経済成長を経験するなかで、戦後初期の日本の経済外交は二つの問題の芽をはらんでいた。

一つは、「中進国」日本として定義された戦後日本が受け入れられたのは、「冷戦」という国際環境と、そのもとでの世界経済の成長という、環境要因が大きかったということである。

このことは、1971 年にアメリカの「冷戦」戦略が変わり、1973 年のオイル・ショックにより（世界と）日本の経済成長が停止すると、「先

進国」との関係においては貿易摩擦というかたちで、「後進国」との関係では日本の経済進出に対する抗議運動というかたちで、それぞれ顕在化することとなる。

優越性と指導性　またもう一つは、とくに「後進国」よりも「進んで」いる「中進国」日本という位置付けとそれに基づいた役割が、日本の「後進国」に対する優越性・指導性を意味するものだと認識されがちだったことである。

　これは、東南アジア開発閣僚会議の主導にみられる 1960 年代半ばにおいて顕著になったとされるが、実際には、すでに 1950 年代前半に、日本の ECAFE 加盟やコロンボ・プラン加入のときに表れていた。というのも、日本の政策決定者たちは、日本の ECAFE 加盟にあたり、日本を「仏印三国、韓国」のような国内政権の「あやふやな」国ぐにと「同列に扱う」ことに対する「関係国の反省を求め」ているし[15]、コロンボ・プランの加入のときには、「わが國が東南アジア開発に指導的地歩を固める」必要性を強調していたからである[16]。

　こうした発想は、1970 年代に入り、日本の政策決定者たちが、戦後日本を「先進国」だと位置付けるようになるに至り、こんどは世界のあらゆる国ぐにに対する優越性・指導性を有する（「ジャパン・アズ・ナンバーワン」）との主張に引き継がれることとなる。

　そこで、次の章では、1970 年代以降に目を向け、「先進国」日本の経済外交についてみてみよう。

[注]

1）蜷川新「排貨政策と経済外交」『外交時報』1915 年、131-138 頁。
2）信夫清三郎「政治外交から経済外交へ」『中央公論』1935 年 5 月、63 頁；河上勇介

II　経済外交を始動する

「経済外交第一線の人々　霞ケ關經濟通レヴユウ」『実業の日本』1935 年 6 月、52 頁。また、1920 年代の日本の経済外交については、佐古丞『未完の経済外交──幣原国際協調路線の挫折』PHP 研究所、2002 年を参照。佐古は、幣原平和財団編『幣原喜重郎』幣原平和財団、1955 年、330-332 頁の記述をもとに、幣原と「打てば響く」関係にあったとされる佐分利貞男外務省通商局長が経済外交という外交方針を打ち出したのではないかと示唆している。佐古、前掲書 97-98 頁。

3 ）石井修『世界恐慌と日本の経済外交──一九三〇～一九三六年』勁草書房、1995 年、14～23 頁。

4 ）河上、前掲論文 53 頁；廣田弘毅「経済外交を語る」『雄弁』1935 年 6 月、12 頁。

5 ）北村正次「政治外交より經濟外交へ」『政界往来』1935 年 2 月、70-71 頁。

6 ）北村、前掲論文 70-75 頁；信夫、前掲論文 63-69 頁。

7 ）坂本義和「冷戦状況の政治構造」『地球時代の国際政治』岩波書店、1990 年、89-109 頁。

8 ）高瀬弘文「東北アジアにおける戦後日本の経済外交の端緒──日韓通商協定の締結を手掛かりに」『国際政治』2012 年、102-116 頁。

9 ）外務省特別調査委員会「改訂日本経済再建の基本問題」有沢広巳監修、中村隆英編『資料・戦後日本の経済政策構想第 1 巻　日本経済再建の基本問題』東京大学出版会、1990 年。本文中の頁数は、本資料集による。

10）高瀬弘文『戦後日本の経済外交──「日本イメージ」の再定義と「信用の回復」の努力』信山社、2008 年、33-35 頁。

11）赤根谷達雄『日本の GATT 加入問題──《レジーム理論》の分析視角による事例研究』東京大学出版会、1992 年、130 頁。

12）Yanaga, Chitoshi, *Big Business in Japanese Politics*, Yale University Press, 1968, pp.215-216, p.222.

13）高瀬、前掲書 182-188 頁。

14）細谷千博『日本外交の軌跡』日本放送出版協会、1993 年、163-165 頁。

15）武内〔龍次〕発岡崎〔勝男外務大臣〕宛、1953 年 4 月 30 日、「アジア極東経済委員会（ECAFE）関係一件　日本の加入関係」（B'-0045）、第 2 巻、91、外交史料館。

16）アジア局第一課「わが国のコロンボ計画参加について」1954 年 2 月 10 日、「コロンボ・プラン関係一件　日本の加入関係」（E'-0015）、30-3、外交史料館。

◆ 第 **3** 章 ◆

経済外交の濫用 —— 世界をリードする？

　第2章でみたように、経済外交という「魔法の杖」が生まれたのは、戦後初期であった。

　たしかに、第二次世界大戦前から「経済外交」というコトバは使われていたが、それは旧来の「政治外交」から区別するためであって、戦後のように「政治外交」ともいえる「経済外交」を観念していたわけではなかった。戦前における「経済外交」とはあくまで、国内経済政策の延長線上に意義付けられていたからである。

　だが、日本の戦争と植民地支配が未曽有の敗戦に終わり、日本経済の政治的・社会的な基盤が、国内のみならず国際的にも徹底的に破壊されると、戦後の世界における日本の居場所を見出すための方途が必要となる。日本経済を再建するにはまず、そのための国際的な基盤の確立が急務だとされたためである。内政からは一応切り離された、経済外交という「魔法の杖」は、こうして生み出されたのである。

　そのため、ここで繰り出されるべき「魔法」とは、相手の経済状況や振る舞いを変えさせようとする「直接魔法」というよりは、「間接魔法」、なかでも日本の居場所を見出し整える「環境魔法」のようなものであった。日本経済の国際的な基盤を確立するには、戦後の「新しい」日本（戦後日本）のあり方を世界に受け入れてもらう「信用の回復」こそが、最優先の課題だとされたのである。戦後日本は、「先進国」よりは「遅れて」いるが「後進国」よりは「進んで」いる、「中進国」だとされたから、いわば「中進国」日本は、「先進国」と「後進国」とを問わず、一人前として認めてもらうことを願っていた、「見習い魔法使い」であった。

　しかしながら、世界経済の成長の恩恵を受けつつ高度経済成長を経験した「中進国」日本は、やがて一人前の「魔法使い」だと世界からみなされるようになり、みずからもそう自認するようになる。ただ、そこで直面したのが、オイル・ショックとともに顕在化した世界の構造的な変化であった。

　経済外交はどう変わったのか。本章では、この1970年代以降をみてみよう。

◆Ⅰ　「新しい」経済外交を模索する──1970年代 ━━

◇　1　日本を取り巻く国際環境

ゲーム盤──統合と分断　1970年代における世界の変化は、「冷戦」という対立状況に着目すれば、デタントと呼ばれる緊張緩和を特徴としていたのだとみることができる。

　「冷戦」のパターン、とくにそのグローバル化とトータル化は、アメリカとソ連という超大国による援助と管理を前提としていた。だが、1960年代後半、西欧諸国や日本の経済が世界経済の恩恵を受けつつ成長する一方で、アメリカがベトナム戦争の戦費拡大により財政危機に陥ると、ソ連の核開発の推進や中東・アフリカに対する影響力拡大、中ソ対立の顕在化とも相俟って、主にアメリカに「冷戦」戦略の手段の変更をせまることとなったのである。もはや、アメリカ経済の相対的な地位低下により援助が厳しくなり、米ソの対決ではブロックの管理も困難になったため、相手側陣営との交渉に主導権をとることで、ブロックを管理しようとしたのである[1]。

　だが、こんにちにつらなる変化として注目されるべきは、世界経済の形成と国際社会の分断である。

世界経済の形成　「冷戦」のグローバル化とトータル化のなかで、軍事援助や経済援助が、武器や兵器のかたちで、あるいは貿易や投資のかたちで、世界のあちこちに行きわたるようになったことが意味していたのは、世界が、とくに経済的に相互に結び付けられるようになったということだった。いわゆる相互依存の世界の形成である。

　このことは、アメリカの経済政策の転換がどのような影響を世界に与えたのかをみることで、逆説的に理解できる。

　1971年8月、アメリカ政府は新経済政策を発表、金とドルの交換停止を宣言する。ベトナム戦争による経済悪化もあって、アメリカがドルを支えられなくなったからである。こうして、「冷戦」のもと西側の経済再建の基礎をなしてきたブレトンウッズ体制（固定相場制）は崩壊し、12月のスミソニアン協定（1ドルは360円から308円に切り下げ）を経て、1973年には変動相場制に移行する。

　しかしながら、この新経済政策の影響はこれにとどまらない。というのも、これを事実上のドル切り下げだとするOPEC諸国は、みずからの利益が目減りするのを防ぐため、1971年9月の会議で石油価格の引き上げを企図、これが1973年のオイル・ショックにつながることとなるからである[2]。

　石油の値段が四倍に高騰したことでOPEC諸国が獲得した多額のマネーは、欧米諸国や日本の銀行に預けられ、突如余剰マネーをえたこれらの銀行は第三世界に貸し付けた[3]。その利子をえることで、オイル・マネーは部分的に、「冷戦」のグローバル化とトータル化が準備したネットワークをつうじて、世界を循環することとなったのである。

国際社会の分断　ただ、実際には、この貸し付けの一部は1980年代に、第三世界で累積債務問題を引き起こすこととなる。というのも、オイル・ショックの社会的な影響が不均等だったからである。

　一方で、「冷戦」の二つのブロックの超大国、アメリカとソ連（そして、イギリス）は、自前で石油を生産することができたから、石油価格の高騰から利益をえることができ、これまでコストの関係から開発できなかった油田（たとえば、西シベリアや北海油田）の開発にも乗り出すことができた。OPEC諸国も同じ立場におかれていた。

これに対して、日本をはじめとする非産油「先進国」は、オイル・ショックにより経済が打撃を受け、経済成長がストップ、不況やスタグフレーション、「先進国病」に見舞われたものの、脱工業化（省エネルギー、コンピュータ化やマーケティングの拡充によるコスト削減など）によりこれを乗り切ることとなる。産業構造を変えることで、世界経済の形成がもたらした変化に対応できたのである[4]。

だが、非産油「途上国」は、そうはいかなかった。NICSと呼ばれる、工業製品の輸出により経済成長を続ける国ぐに（香港、シンガポール、大韓民国、台湾）の一方で、多くは外貨不足から高騰した石油を輸入できず、国内経済が打撃を受けたからである。経済成長が止まり、生産と輸出が停滞すると、貸し付けられた債務は返済できない。これまで同じ第三世界、あるいは南北問題における南と呼称されていた国ぐにが、オイル・ショックを機に分断されることとなったのである[5]。

こうした状況は、西側の「先進国」に関しても、また中ソ対立が顕在化していた東側の社会主義国についても、ある程度同じであった。というのも、たとえば、一方で累積債務問題の影響は、（インフレ抑制のためのアメリカの高金利政策とも相俟って）アメリカの銀行にとくに打撃を与え、他方で中国は、中ソ対立のためにソ連から輸入できなくなったもの（資本財）を相手側陣営からえようとしていたからである。その結果、アメリカの世界経済に占めるシェアは低下し、相対的に西欧諸国と日本の割合が増大、また、中国の台頭によってソ連の優位も脅かされるなど、「冷戦」のパターンも揺らいでいくのである[6]。日米貿易摩擦の激化は、この時期の分断の一つの表れかもしれない。

多国籍企業の台頭　さらに、多国籍企業の台頭が、状況をいっそう複雑にしている。なぜならば、これらの主体は、国家の役割を強化する

側面を持つ一方で、国家の存在意義を侵食する可能性を秘めていたからである[7]。

　前者については、多国籍企業とその活動領域である市場を管理するという「新しい」役割を国家に与えた。モノやヒトのみならず、カネ（投資）を呼び込んだり制限したりする必要性が出てきたからである。

　だが、後者に関しては、多国籍企業が国境を事実上無視できる性質を持つがゆえに起こりうるものである。たとえば、フォルクスワーゲンがアルゼンチンの工場から取り寄せた部品をドイツの工場で組み立てる場合、それは従来の意味でのアルゼンチンとドイツの貿易だといえるのだろうか[8]。企業グループ内でモノやカネを動かすかぎり、国境はこれまでのような機能を必ずしも果たせなくなってきたのである。

「冷戦」の終焉　それでも、「冷戦」という対立状況がデタントの崩壊から新冷戦の開始と続いているあいだは、グローバル化とトータル化のパターンをつうじてモノやカネが流れていたが、1989年のマルタにおける「冷戦」の終結宣言は、こうした流れを大きく変えることとなったように思われる。

　バブル経済の崩壊が「冷戦」の終焉とほとんど軌を一にしていたのは偶然だったのだろうか？　あるいは、1997年にタイの通貨暴落を機に顕在化したアジア通貨危機は、ヘッジファンドの責めに帰せられるのだろうか？

　いずれにしても、1970年代以降の世界では、このような危機が起こるたび、経済的な影響はグローバルに、社会的な影響は不均等になったため、世界経済の形成（相互依存の深化と拡大）とともに、国際社会の分断が（経済格差の拡大をともない）すすんでいった。

◇ 2 「戦後日本」を再定義する

　ここで登場するのが、この分断されバラバラになりつつあった国際社会の再編を日本が主導する、という考え方である。1975年に開かれたはじめてのサミットに日本が「先進国」として招請され、「ジャパン・アズ・ナンバーワン」ということがいわれるようになると、この考え方にはますます拍車がかかるようになった。

　ただ、このことが意味していたのは、これまでの戦後日本のあり方が見直されなければならないということだった。1970年代をつうじてなされたその壮大な試みの成果が、1979年から80年にかけて大平正芳首相のもとに結実した、「大平総理の政策研究会報告書」全9巻であった。

① 世界の動向

「大平総理の政策研究会報告書」　この報告書は、「近代を超える」時代が到来したという時代認識のもと、「文化の時代」、「地球社会の時代」、「地方の時代」のはじまりを察知する大平首相が設置した、9つの研究会による成果である。そこには、「学者・文化人」のべ130人、各省庁の中堅幹部89人が参加し、「文化の時代」の「新しい」日本のあり方の解明を目指した「文化の時代」、「文化の時代の経済運営」、「科学技術の史的展開」各研究会、「地球社会の時代」のなかでのその日本のあるべき対外的な姿勢の提示を試みた「対外経済政策」、「環太平洋連帯」、「総合安全保障」各研究会、この「新しい」日本を構成する国内的な諸関係を「地方の時代」という観点から見直そうとした「田園都市構想」、「多元化社会の生活関心」、「家庭基盤充実」各研究会が、それぞれ組織された[9]。

世界の動向　そこで、これらの報告書の冒頭に付された「総説」、「21世紀へ向けての提言」をみてみると、日本が1970年代以降におかれることとなった「近代を超える」時代の世界には、近代化の行き詰まりを示した、これまでとは異なる二つの傾向がみられるのだという。

　一つは、世界が「『地球の有限容量』という壁」に突きあたり、物理的な上限のある閉じたものになったということである。欧米諸国がすすめてきた近代化の結果、「大気中の炭酸ガス濃度の増大、海洋の汚染、資源・エネルギーの急速な消耗、将来における食糧の絶対的不足への懸念などを招」いたのである（13-14頁）。

　またもう一つは、アメリカの国際的な地位が相対的に低下しつつあったことである。アメリカの地位が下がっているということは、日本の地位が相対的に上がっているということだから、これを歓迎するという態度もありえたかもしれない。だが、報告書の論者たちは、そうは考えなかった。なぜならば、近代化を先導してきたアメリカの「いま」は、それを後追いしてきた「中進国」日本の「あす」の姿だからである。ドルを支えられなくなったアメリカ政府が新経済政策を発表したことにみられるように、「戦後経済体制」は「歴史的転換を迫られるようになった」のである（10-12頁）。

「時代の要請」　こうして、近代化の行き詰まりに注目する報告書は、「近代を超える」必要性を強調する。そこで掲げられたのが、文化（日本文化）だった。「近代を超える」時代は文化を「要請」しているのだというのである。なぜならば、欧米諸国から導入した政治の体制や経済のシステム、社会のあり方などは、近代化に毒されており、そのままでは使えないからである。いわば、「近代を超える」には、近代化の時代とは異なる方法が用いられる必要があったわけである（2頁）。

② 日本の位置付けと役割

戦後日本の位置付け　だが、そのためにはまず、みずからの文化（すなわち日本文化）をしっかりと把握しなければならない。では、日本文化（のよい部分）とはなにか。それは、欧米文化が個と全体の関係を対立的に理解してきたのに対して、日本文化は個と全体の関係をより調和的に把握してきた、ということであった。「『地球の有限容量』という壁」のある「近代を超える」時代の世界では、使える資源が限られているから、対立などでそれらを無駄使いをすることは許されない。だから、個と全体の関係をより調和的にとらえてきた日本文化こそが、「近代を超える」時代の「新しい」モデルたりうるだろうというわけである（12-15頁）。

「先進国」日本　この報告書の記述が暗に示していたのは、日本が欧米諸国と比較されるべき「先進国」として位置付けられる、ということだった。実際、報告書は、日本が「近代化を達成し欧米先進諸国と肩を並べるに至っ」たのだと指摘しているのである（3頁）。

　このことが持つ意味は、日本経済のとるべき三つの方向性をめぐる報告書の議論によく表れている。

　一つは、「80年代を通じて、世界経済の中でわが国は自由主義圏の一員として行動すべき」だということである。なぜならば、近代化のなかで欧米諸国が主導してきた「自由主義経済制度」は、市場および市場メカニズムをつうじてたしかに「優れた経済的成果を経済効率面や経済成長面で発揮し、物質的に豊かな社会をつくりあげる能力があることを実証してきたから」である。

　ただ、「自由主義経済制度」をとることは、経済を自由に任せること、すべてを市場に委ねることを意味しない。それゆえ、二つ目の方

向性として、「自由主義原則を実施するにあたっては、それに賢明な制御を民主的手続きを経て加える必要がある」ということになる。なぜならば、「200年以上にわたって存続してきた自由主義経済は、その優れた経済機能を多くの分野で発揮した歴史を持つ反面、他の多くの分野でその機能の限界を明らかにし、ときには弊害をもたらしてきた」からである。

　そのため、報告書は、「こうした新しい自由主義体制を築きあげる上で、日本の果たすべき国際的役割が極めて大きくなってきた」のだと言明する。これが三つ目の方向性である。というのも、「戦後35年の時の経過」、なかでも「60年代に入ってからヨーロッパや日本での早い経済成長」は、「世界経済におけるアメリカの地位の相対的低下を招くに至った」からである[10]。

「新しい」日本の役割　ただ、近代化が行き詰まりこれ以上先には行けない（「『地球の有限容量』という壁」）状況のなかで、近代化を先導する「先進国」アメリカの国際的な地位が低下し、「冷戦」という対立状況のもと、「自由主義」をとらないソ連のブロックと対峙し、しかも、南北問題とよばれる格差の是正を求める「途上国」からの突き上げに直面していたことは、「近代を超える」時代の「新しい」日本の役割を特異なものにすることとなった。それは、上限のある世界を調和させるために、「近代を超える」時代の「新しい」モデルたりうる「先進国」日本が世界の再編を主導する、ということである。

　ここで持ち出されたのが、個と全体の関係をより調和的にとらえてきたという日本文化である。「新しい」日本の役割に関する報告書の議論をまとめるならば、上限のある閉じた世界のなかで満足するために、日本文化を「新しい」モデルとして掲げつつ、個と全体の関係を、

全体（世界の上限）に合わせてより調和的につなぎなおす、ということだといえるだろう。

③ 経済外交の方向

世界をリードする？　つまり、世界経済が形成される一方で国際社会が分断されつつあった 1970 年代以降の世界において、この「新しい」日本の役割が意図していたのは、バラバラになりつつあった国際社会を、これまでの欧米文化に基づいた近代化のやり方ではなく、日本文化に基づいた「近代を超える」やり方で再編しようということであった。なぜならば、「日本文化の特質」は、「『全体と個の関係』や『個と個の間柄』を見直し、『全体子』（holon）という概念を求めている」「西欧近代社会」や欧米文化の「新しい」モデルとなりうるからである。「われわれは、急速な近代化や高度経済成長を可能にした日本の文化を検討するとき、そこに多くの優れた特質を再発見した」とする報告書の自負は、その一つの表れであった（12-13 頁）。

　こうして、「近代を超える」時代の経済外交（それは「現実的な経済外交」と呼ばれた[11]）は、「先進国」日本を世界にアピールするというかたちで、世界をリードしようと試みるものとなる。いまや、欧米諸国も日本文化に学ぶべきだとされたのである。

◆Ⅱ　経済外交を展開する── 1973〜97 年

　それゆえ、アメリカがドルを支えられなくなり、石油価格の高騰が混乱を招いた 1970 年代以降の国際環境は、世界をリードするとされた日本の経済外交の試金石であった。

◇　1　「先進国」との関係

「先進国」間協調──サミット　その最初の機会は、1975年に訪れた。フランスの主導によりランブイエで開催された、西側の「先進国」6か国による首脳会議（サミット）に、日本が招請されたからである。

　オイル・ショック以降、「先進国病」と呼ばれる経済的・社会的停滞を経験するなかで、これを「資本主義の危機」だと考えたフランスのジスカール゠デスタン大統領が、「先進国」の経済政策を政治的に調整するために提起したのである。

大枠合意の主導と挫折　ここで、日本側の代表、三木武夫首相が目指したのは、日本が欧米諸国と同じ「先進国」でありながら、「歴史と伝統」（すなわち文化）が異なるとする「新しい」日本をアピールしつつ、「先進国」のあいだに大枠の政策合意をリードすることだった。具体的な政策については国ごとに違いがあるだろうし、その決定は各国に委ねられるべきだと考えたからである[12]。

　だが、他の「先進国」首脳は、必ずしもそうではなかった。たとえば、アメリカのフォード大統領は、会議の「具体的な成果を国民に知らせる」必要があると考えていたし、フランス側もまた、具体的な政策や措置に合意できれば「一層の成功」だと考えていたためである。イギリス首脳が指摘していたように、大枠の政策合意であれば、「電話連絡等で簡単に作成できる」から、わざわざ会合した意味がないとされたのである[13]。

　結局、日本代表はこれらの反対の前に孤立し、サミットの終わりに発表されたランブイエ宣言は、通貨や貿易などに関する具体的な成果を盛り込んだものとなった。日本側が欧米諸国との文化の違いを強調したこととも相俟って、このことは、日本が「先進国」のなかでも異

質なのではないかとする思いを、内外に印象付けることとなったのである。

経済摩擦の激化　この思いがある程度共有されていたことは、日本の拡大する貿易黒字を背景にした、個別の品目をめぐる欧米諸国との経済摩擦が、最終的に、日本の異質な「構造」の改革にまで及んだことに示されていた。

　1970年代以降に激化する経済摩擦は、日本の輸出をめぐるものと、輸入をめぐるもの（国内市場の開放）の二つに分けて考えることができる。

　一方で、輸出については、すでに1950年代から顕在化しており、1970年代に問題となった繊維や鉄鋼、テレビから、のちに懸案となる自動車や半導体に至るまで、多岐にわたる分野をめぐり、1990年代半ばに沈静化するまで続くこととなる。日本側は、GATTのルールに反していないことを主張し応酬するが、それが受け入れられないと、自主輸出規制を実施したり、専門家による協議を導入したり、あるいは数値目標を設定したりして、その解消を図った[14]。

　これに対して、輸入のほうは、1960年代以降問題とされてきた、農産物やサービスなどの一部分野をめぐり、牛肉やオレンジ、コメ、金融などが俎上に挙げられた。1986年にはじまったGATTの関税引き下げ交渉（ウルグアイ・ラウンド）が象徴しているように、日本側は農業分野に関して消極的な姿勢を示し、完全な自由化は頓挫、アクセスの機会を保障するにとどまっている。

日本の「構造」問題　しかしながら、日本の貿易黒字はなかなか削減せず、日本の異質な「構造」に問題の根があるのではないかとする思いが高まってくる。こうして1989年からはじまったのが、日米構造

協議である。閉鎖的な商慣行のみならず、貯蓄や投資のパターン（日本の高い貯蓄率）、特殊な流通のあり方（大規模小売店舗法による出店規制）、高止まりする地価（土地税制）までもが問題とされるようになったのである[15]。

この傾向は、1990年代に入ると、アクセスの機会の保障ではなく、その結果に対する保障の要求というかたちで顕在化する。すでに、1986年の日米半導体協定のときにもみられたこの考え方は、日本の異質な「構造」に問題があるのであれば、国際的なルールを守っても結果が必ずしもともなうわけではない、とする思いのあらわれであった[16]。1994年に開かれた細川・クリントン会談は、日米首脳会談として戦後はじめて決裂する（「不合意の合意」）が、それは、この日米構造協議がこのあとかたちを変えて（「年次改革要望書」1994-2008年；「日米経済調和対話」、2011年〜）継続的な課題とされる必要があることを示唆していた。

いわば、日本の輸出と輸入に関する経済摩擦は、1970年代以降の日本という国のあり方（「構造」）がその根源だとされたのである。

「先進国」との関係　これは、日本文化を「新しい」モデルに掲げた「先進国」日本が、世界をリードしようと試みたことの一つの結果だということができる。

たしかに、「先進国」との関係では、1985年のプラザ合意をアメリカとともにリードし、経済政策を調整（アメリカの財政赤字削減、日本の内需主導など）、通貨政策にも合意（円高是正、円安誘導）するなど、利害が一致した領域では成果を挙げた部分もあった[17]。

だが、欧米諸国と同じ「先進国」でありながら文化が異なる日本という、1970年代をつうじて再定義された「新しい」日本は、基本的に

は、それを日本側がアピールすればするほど、他の「先進国」との軋轢を増すこととなる。というのも、利害や政策の対立が起こると、それらは文化が違う日本の異質性や特殊性のせいにされがちだったからである。

　「先進国」日本が世界をリードするとする、1970年代以降の経済外交は、このように、それを必然的に困難にする要因を埋め込まれていたのである。

◇　2　「途上国」との関係

　このことは、「途上国」に対しても同じだった。なぜならば、日本文化をこれからの日本と世界の「新しい」モデルとして掲げる「先進国」日本の経済外交は、必然的に、そのモデルの、「途上国」（および社会主義国）に対する事実上の押し付けとならざるをえないからである。

　たしかに日本政府は、1970年代には、アジア諸国に対する援助を相手国の立場で考えるよう、福田ドクトリン（1977年）を打ち出し、それがベトナムのカンボジア侵攻で一部頓挫すると、こんどは環太平洋連帯構想を掲げ、開かれた地域主義を主導した。

　また、1980年代には、拡大する貿易黒字の対策もあり、トロント・サミット（1988年）で政府開発援助（ODA）を5年で500億ドルにすると表明したり、累積債務問題に対する債券市場創設を掲げたいわゆる宮沢構想（1988年）を打ち出したりもした。これらは、世界をリードしようとする、1970年代以降の日本の経済外交の到達点だとみることもできるだろう[18]。

市場メカニズムの押し付け　ただ、少し視点を変えてみると、こうした振る舞いの背後には、「先進国」日本というモデルを押し付けようと

する側面が見え隠れしていた。それは、具体的には、1970年代以降の経済外交で重視された自由主義原則、すなわち市場および市場メカニズムの強要というかたちであらわれた。

　たとえば、環太平洋連帯構想をみてみよう。そこでは「多様性の尊重がわれわれの構想の核心」だとされてはいる。だが、いざその実践に話が移ると、「われわれの環太平洋連帯構想のひとつの原点」は「自由な市場メカニズムの後退と保護貿易主義の強化の傾向」に「歯止めをかけ」ることであり、「計画経済的要素」を持ち込む場合にも、「同時に市場を有効に活用」すべきだというのである[19]。経済を計画的に運営している社会主義国や、新興産業の保護を必要とする「途上国」からすれば、これは自分たちのやっていることの全面的な否定であった。

　同じようなことは、「先進国」がはじめて多国籍企業との関係のあり方を規定したOECDでの作業（多国籍企業ガイドラインの策定、1976年）でもみられた。というのも、日本側は、「途上国」との協力が問題となったとき、「企業活動は本来市場メカニズムに基づいて行動することにより資源の最適配分に貢献することが眼目」なのだから、多国籍企業に「途上国」と協力するよう多くを要求するのはいかがなものか、と発言していたからである。国家の役割は、この市場メカニズムに基づいた多国籍企業の活動の「リード」、すなわち市場メカニズムの尊重なのだというわけである[20]。

　「先進国」日本が世界をリードするとする、1970年代以降の経済外交は、「先進国」との関係と同様、それを必然的に困難にする要素が内包されていたのである。

◇　3　経済外交の持つ意味

　しかしながら、ここでいま一度、立ち止まって考えてみる必要があるのは、日本の政策決定者たちが、市場や市場メカニズムにすべてを委ねることに対しては反対だったということである。経済的原理に対しては人為的関与（「賢明な制御」）が必要だと強調されていたのである。

　では、一方で市場メカニズムの尊重を掲げながら、他方でそれに反対するかのような、この日本側の態度はどう整合的に理解すればよいのか。

引き裂かれた経済外交　それは、「先進国」日本が世界をリードするとする、この時期の経済外交が、世界経済の形成と国際社会の分断のなかで、必然的に引き裂かれざるをえなかったのだ、ととらえると、すっきり把握することができる。

　すなわち、一方で、日本側が市場メカニズム（経済的原理）の必要性を強調したのは、すでにみたように、「途上国」（と社会主義国）の動きに対処し、多国籍企業の活動から利益をえる（「資源の最適配分に貢献する」）ためだといえるが、これをあまり強調しすぎると、政策決定（人為的関与）を行う国家（日本）の役割をも侵食してしまう。

　しかし他方で、日本の役割を誇示するために人為的な関与の必要性を強調しすぎると、こんどは産業保護を支持する「途上国」や、経済を計画的に運営すべきだとする社会主義国の主張の正しさを裏付けることになってしまい、保護貿易主義を正当化することとなってしまう。それゆえ、これを防ぐためにも、ふたたび市場メカニズムのような経済的原理の重要性を強調する必要が出てくる、という循環論的な状況に陥ってしまうのである。

　これは、1970年代以降の経済外交（「現実的な経済外交」）がなぜ、その目的を達成することができなかったのかを如実に示している。というのも、日本側の態度は、やや単純化していうならば、相手国が市場メカニズムを掲げたときには人為的関与の必要性を強調し、相手国が人為的関与の必要性を強調したときには市場メカニズムを掲げる、というものだったからである。これでは、世界をリードするどころか、相手国と合意に至ることすら、しばしば困難になってしまうだろう。

優越性・指導性の誇示　そのうえ、世界をリードするという経済外交の指針が、1970年代における日本の位置付けと役割の再定義から出てきたものだったことも重要である。なぜならば、それは、戦後初期の「中進国」日本が「後進国」に対して抱いていた優越性・指導性を、「先進国」日本という「新しい」モデルの押し付けというかたちで、世界大に誇示したものだとみることができるからである。

　「近代を超える」時代という「新しい」時代においては、個と全体の関係をより調和的に考える日本文化が日本と世界の「新しい」モデルなのだから、日本はもはや変わる必要がないし、この「先進国」日本の「正しい」方法を世界大に広めていけば、世界はよりよいかたちに再編されるのだというわけである。

　これは明らかに、経済外交という「魔法の杖」の濫用であった。「魔法」は、自分のためだけではなく、みんなのためにも使わなければならない。バブル経済が崩壊し、アジア通貨危機を経験するなかで、日本の政策決定者たちは、三たび、経済外交と、その基盤となる戦後日本のあり方を再定義することとなる。次章では、この2000年代以降のプロセスをみていこう。

［注］

1）ブルース・カミングス（森谷文昭訳）「世界システムにおける日本の位置」アンドルー・ゴードン編（中村政則監訳）『歴史としての戦後日本』上、みすず書房、2001年、130-133頁。

2）Martin Walker, *The Cold War : A History*, Henry Holt and Company, 1995, pp.224-229.

3）*ibid.*, pp.240-241.

4）*ibid.*, pp.238-240.

5）エリック・ホブズボーム（河合秀和訳）『20世紀の歴史　極端な時代』下巻、三省堂、1996年、200-203頁。

6）Walker, *op.cit.*, p.241.

7）高瀬弘文『戦後日本の経済外交Ⅱ──「近代を超える」時代の「日本イメージ」と「信頼」の確保』信山社、2019年、345-50頁。

8）ホブズボーム『20世紀の歴史　極端な時代』上巻、414-418頁。

9）報告書の詳しい分析は、高瀬、前掲書第Ⅰ部を参照。また、本文中の頁数は、「21世紀へ向けての提言（総説）」内閣官房内閣審議室分室・内閣総理大臣補佐官室編『大平総理の政策研究会報告書1　文化の時代──文化の時代研究グループ』大蔵省印刷局、1980年による。

10）内閣官房内閣審議室分室・内閣総理大臣補佐官室編『大平総理の政策研究会報告書6　対外経済政策の基本』大蔵省印刷局、1980年、21-24頁。

11）同上書31頁。

12）高瀬、前掲書254-255頁および279-280頁。

13）同上書259頁および261頁。

14）田所昌幸「日本の経済外交五十年」『国際問題』2001年11月、50-52頁；大矢根聡「経済外交──『経済大国』化とその揺らぎ」多胡圭一編『日本政治──過去と現在の対話』大阪大学出版会、2005年、232-234頁。

15）田所、前掲論文51-52頁。

16）同上論文52頁。

17）大矢根、前掲論文234頁。

18）同上論文235頁；井上寿一「戦後経済外交の軌跡　経済外交の到達点」『外交フォーラム』2005年5月、78-83頁。

19）内閣官房内閣審議室分室・内閣総理大臣補佐官室編『大平総理の政策研究会報告書4　環太平洋連帯の構想──環太平洋連帯研究グループ』大蔵省印刷局、1980年、8頁、22-23頁および52頁。

20）平原〔毅OECD日本代表部大使〕発〔宮澤喜一〕外務大臣宛、1975年7月15日、1270号、「OECD国際投資・多国籍企業委員会（第1、2、4、7、9〜11）」（2009-4006）、外交史料館。

◆ 第 4 章 ◆
経済外交の再生 —— もう一度、世界に

　第3章でみてきたように、経済外交という「魔法の杖」は、1970年代以降になると、自他ともに「先進国」だと認める日本が世界をリードするために必要とされるようになる。「『地球の有限容量』という壁」が意識され、「先進国」を主導してきたアメリカの国際的地位が相対的に低下するという、近代化の行き詰まりともいえる状況のなかで、日本は、「近代を超える」時代を先導し、そのために積極的な役割を果たさなければならないとされたのである。

　こうして注目されたのが日本文化であった。近代化のもと、欧米諸国は個と全体の関係を対立的にとらえてきたが、日本人たちはずっとそれらをより調和的に考えてきた。だからこそ、高度経済成長も可能になったし、近代化の行き詰まりにも対応できるのだというわけである。

　それゆえ、ここで繰り出されるべき「魔法」とは、戦後初期のような「間接魔法」、「環境魔法」のようなものというよりも、相手の振る舞いや経済状況を変えさせることを目指した、「直接魔法」(「攻撃魔法」)あるいは「状態魔法」というべきものであった。というのも、「近代を超える」時代においては、日本文化を見習うべき相手側こそが変わらなければならない、と考えられたからである。いわば、欧米諸国による近代化に代わる、「近代を超える」ための方法を見出した「先進国」日本は、世界の再編を先導する、「魔法使いのマスター」であった。

　だが、世界をリードするという名のもと、「魔法の杖」を主に日本のために使おうとしたことは、濫用といわれても仕方のないものだった。こうして、バブル経済崩壊とともに「第二の敗戦」を経験した日本は、戦後初期と同じように、三たび日本のあり方を再定義する必要にせまられたのである。

　本章では、とくに「経済外交敗戦」とも呼ばれた1997年のアジア通貨危機以後に目を向け、日本の政策決定者たちが戦後日本をどう再定義し、「魔法の杖」をどう使ってきたのかについてみていきたい。

◆ I　「経済外交」を取り戻す──2000年代

◇ 1　日本を取り巻く国際環境

ゲーム盤──グローバリゼーション　1990年代以降の世界は、「冷戦」のグローバル化とトータル化のもとで形作られ、1970年代に直近の起源を持つ世界経済の形成と国際社会の分断を、意図せざるかたちでさらに推し進めたものとして理解することができる。

　では、だれが推し進めたのか。それは、アメリカであった。やや図式的な見方をするならば、「冷戦」という対立状況が終焉し、ソ連が援助と管理をしてきたブロックが解体したことで、アメリカのブロックによる援助と管理だけが残り、それがやがてグローバリゼーションと呼ばれるようになったのである。

　いわばグローバリゼーションは、国際的な地位が低下しつつあったアメリカ経済の再生策であり[1]、1990年9月11日に宣言された新世界秩序構想（ブッシュ大統領）に象徴されるように、アメリカによる「冷戦」終焉後の世界の再編計画だということができた。

　このグローバリゼーションは、世界経済の形成と国際社会の分断をいっそう促進するとともに、そのことがさらに二つの新しいパターンを生み出すこととなる。それは、グローバル社会の形成と国内社会の分断であった。

グローバル社会の形成　世界経済の形成とは、前の章でみたように、「冷戦」のグローバル化とトータル化の結果、世界が、武器や兵器のかたちで、あるいは貿易や投資のかたちで、とくに経済的に相互に結び付けられるようになったということだった。

　ただ、このことが他方で、1997年のアジア通貨危機、2008年のリー

マン・ショック、さらにはギリシャ危機に端を発した 2010 年の欧州債務危機など、さまざまな経済危機の影響をも世界的に結び付けたから、それがもたらす不均等な社会的影響に対処するためのグローバルな政治的対応が生まれたのである[2]。

　こうして、少なくとも三つの（相反する）かたちのグローバル社会が重要性を増すこととなった。

　すなわち、(a)世界経済の形成を主導する経済エリートたち（たとえば、多国籍企業や投資家など）による国境を越えた結び付き、(b)世界経済を管理するための地域的な制度や機構（たとえば、自由貿易協定〔FTA〕や経済連携協定〔EPA〕、TPP〔環太平洋パートナーシップ〕協定など）および脱政府的な管理ネットワーク（たとえば、刑事に関する共助に関する日本国と欧州連合との間の協定や ASEAN 警察長官会合〔ASEANAPOL〕など）、そして、(c)世界経済の形成がもたらす格差や不平等を是正しようとする、非政府組織（NGO）などによる国境を越えた動き（たとえば、国境なき医師団やアムネスティ・インターナショナルなど）である。

　グローバリゼーションとは、インターネットなどに代表される、グローバルな一連の技術の集積プロセスだとみることができるが[3]、それを国家や国際機関のみならず、民間のさまざまなアクター（一般投資家から NGO まで）が利用できるようになったことで、これらにアクセスできる人びとが、これまでは困難だったさまざまな企図に乗り出しはじめたのである。

　経済的利益に基づいたものか、人道的動機によるものかの違いはあるが、国家のみならず企業や NGO、個人までもが、グローバルに活動できるようになったのである。

国内社会の分断　ただ、グローバリゼーションは、1970年代以降の世界経済の形成が国ごとに不均等な影響をもたらしたように、国際社会の分断を促進した。変化に対する対応が国ごとに、あるいは政府の部門ごとに異なっていたからである。脱政府的な管理の動きが国家主権と抵触しないか、脱国家的な民間アクターをどう管理するのかなど、グローバリゼーションがもたらしたものとどう向き合うのかがバラバラだったのである。

　そのうえ、グローバリゼーションは、二つの（相異する）かたちで、それぞれの国内社会の分断をも推し進めることとなった。

　それは一方で、グローバルな一連の技術にアクセスできる人たちとそうでない人たちのあいだに分断をもたらした。このグローバリゼーションに対するアクセスの可否は、そのまま富の拡大や蓄積の可能性につながっていたから、これは同時に、経済的な格差を社会的に浮き彫りにすることとなった。いわゆる格差社会の出現である。

　また、このことは他方で、（国家や政府部門が直面したように）グローバルな一連の技術（とその商品）の流れにどう対応するのかをめぐる社会的な分断を助長した。

　たとえば、インターネットにアクセスするにはある程度の英語に関する知識が必要とされるが、そこでの「正しい」対応は、英語を身に付けたり、英語教育を充実させたりすることなのか、それとも、これを言語や文化の画一化の動きだととらえ、その多様性を維持するために母語や方言を復興することなのだろうか？　あるいは、わたしたちがすべきなのは、マクドナルドやコカ・コーラを喜んで受け入れることなのか、それとも、これらの「アメリカ的」な商品に席巻されないように地産地消を推奨したりすることなのだろうか？

分断と対立の循環　こうした対立が重要なのは、それが社会的な分断
を循環論的に生み出すからである。

　グローバリゼーションによる新しい技術や商品のために、仕事をな
くしたり生活を変えさせられたりした人たちは、これらの技術や商品
を生み出す（外国の）国ぐにや人びと、あるいはそれらを喜んで購入す
る国内の集団や人びとを攻撃したり、その技術および商品の不買運動
を展開したりするかもしれない。このことは、従来の国内社会をさま
ざまなかたちで分断するとともに、それが国境を越えれば、究極的に
は（9.11 に象徴されるように）しばしばテロリズムと呼ばれ、地域や世
界に影響を与えることとなる。

　だが、ひとたびそのようなことが起こると、（すでに触れたように）こ
んどはこれにどう対応するかという新たな問題を、国家やそこに住む
人びとに突き付ける。それとどう向き合うのかをめぐり、国内社会は
ふたたび分断されるのである。

　さらに、グローバリゼーションの影響により、なかば強制的に国内
社会から切り離され、みずからの住む土地からの移動を強いられた人
びとのことも付け加えなければならない。

　その象徴的な存在は、内戦や虐殺、政府による弾圧などを逃れるた
めに難民化した人びとだが、ここにはもっと多様な存在が含まれる。
たとえば、グローバリゼーションに対応するという名のもと、農業の
効率化を掲げた農地の区画整理により、これまで耕していた（先祖伝
来の）土地から引きはがされ、別の場所での耕作を強いられること
なった人びとのことである。

　いずれにしても、国内社会とそこに住む人びとは、グローバリゼー
ションの影響を直接受ける立場におかれることとなった。このことが

意味していたのは、1970年代以降、世界経済の形成による不均等な影響が国際社会を分断しつつあったように、グローバリゼーションのもたらす不均等な影響が国内社会の分断を促進し、バラバラにしつつあるということだった。

担い手の欠如　ただ、このように、さまざまな困難が山積すること以上に問題なのは、これらの困難を解決しうる十全な担い手が見当たらないということであった。

　一方で、グローバリゼーションを推進する人びとは、多国籍企業や投資家を考えてみればわかるように、自己の経済的・社会的利益を第一に考えているから、グローバルな困難の対処に利益が感じられないならば、それに躊躇するだろう。

　これに対して、世界の格差や不平等の是正を試みるNGOの台頭は心強いが、残念ながら、困難に対応できるだけの規模や影響力がまだ欠けており、また、しばしば政府の支援を必要とするために、活動する国の政策に左右されたり、必要な権限を付与されていなかったりする[4]。

　では、国家のほうはどうかというと、こちらも担い手としては心許ない。国際社会の分断が推し進められた結果、国際機関などをつうじた国際協調がただでさえむずかしいうえに、一方では、国家が人道的な配慮よりも国家的な利益を優先しがちなために（これは、ある程度は妥当な判断である）、援助や介入が必要な場面でもそれに踏み出せず、また他方では、バブル経済崩壊後の日本のように、経済的・社会的に停滞していると、たとえ「先進国」であっても、国内のみならず、グローバルな困難に対応するだけの、充分な余裕がないからである。

　そのうえ、国内社会もバラバラになりつつあったから、そこに住む

人びとが一致団結して困難に立ち向かうということもむずかしい。「冷戦」のときのように、外に確固たる敵を想定できれば、国内の団結もえられるかもしれないが、一方で「冷戦」が終焉し、他方で社会が国際的にも国内的にも分断されつつあるなかでは、そのような敵を見つけることも不可能だろう。

　日本の政策決定者たちが戦後日本の再定義に直面し、三度目の経済外交の問い直しをせまられていたのは、このような世界のなかにおいてであった。そこで次には、小渕恵三首相のもと、この試みに正面から向き合った、「21 世紀日本の構想」懇談会の報告書をみてみよう。

◇　2　戦後日本を再定義する

① 世界の動向

『日本のフロンティアは日本の中にある』　その報告書とは、2000 年 1 月に公表された、『日本のフロンティアは日本の中にある』である[5]。

　これは、1999 年 3 月、大平首相の研究会（「文化の時代の経済運営」研究グループ）にも参加していた河合隼雄（国際日本文化研究センター所長）を座長に民間人 16 名をもって発足し、5 月にさらに民間人 33 名を加えた、「21 世紀日本の構想」懇談会による討議の成果である。懇談会は、「世界に生きる日本」「豊かさと活力」「安心とうるおいの生活」「美しい国土と安全な社会」「日本人の未来」の五つの分科会にわかれ、40 回にわたる会合が持たれている。8 月には小渕首相も参加した合同合宿が開かれ、10 月から 11 月にかけては懇談会メンバーが現地の関係者と意見交換するために海外を訪問、また、これと並行して国民からの提言を公募するなど、意欲的なかたちで討議が行われた（12-14 頁）。

世界の動向　そこで、この報告書をみてみると、21 世紀の世界は、「大きな挑戦」を受けているのだという。「グローバル化」に象徴される「経験したことのない大きな変化を強いる潮流」が世界のすみずみまで押し寄せていたからである（29 頁）。

これを「世界の市場とメディアの一体化」だとする報告書は、この潮流が三つの大きな影響を世界（と日本）に及ぼしつつあるのだと断じた。

第一に、「グローバル化」は、多様化・分散化をもたらす反面、画一化・統合化をすすめるという、相反する方向性を持っていたということである。たとえば、インターネットなどの情報技術（IT）をつうじて個人が直接世界に発信できるような状況が生まれる一方で、国家の制度や基準、慣行などは、世界標準に照らされ評価されるようになったのである（29-31 頁、32-33 頁）。

その結果第二に、報告書によると、「グローバル化」は、個人の発言力を強めるとともに、国家による統制を無力なものにしてしまった。

このことは、とくに国家の側からみると、個人の振る舞いについては国家が統制できないのに、それが生み出した問題には国家が対処をせまられるということを意味していた。「グローバル・リテラシー（国際対話能力）」といわれる、世界にアクセスし対話する能力（たとえば、コンピュータやインターネット、「国際共通語」である英語を使いこなせること）を持つものがこれを駆使することで生まれる個人間格差に、国家は新たに対応しなければならなかったのである（31-32 頁）。

いわば、「グローバル化」は、個人に新たなチャンスを、国家に新たな困難を、それぞれもたらすものだと理解されていたのである。

そのうえ第三に、「グローバル化」の世界において、日本をはじめと

する国家は、巨大科学技術がはらむ倫理的問題や、少子高齢化が及ぼす諸問題にも対処をせまられていた。遺伝子の操作（ゲノムの編集）はどのような根拠でどこまで許されるのか。原子力エネルギーは、だれがどう管理すべきなのか。あるいは、少子高齢化のコストは、どのようなかたちで負担されるべきであり、「新たな労働力」だと意義付けられた女性や外国人は、社会的にどのような場所を与えられるべきだろうか（33-35 頁）。

社会の再編　これらの世界に対する挑戦を受けて立つために報告書が打ち出したのが、国民一人ひとりの先駆性を伸ばし、潜在力を引き出す、ということであった。この表現はちょっとわかりにくいが、この変革の「核心」はこう説明されている。「国民が社会と関わる方法と仕組みを変え」、「社会における個と公の関係を再定義し、再構築することである」、と（35-36 頁）。

「グローバル化」に対応するには、国内社会の再編がまず必要だとされたのである。

では、個と公（すなわち国民と国家）の関係はどう変えられなければならないのか。それは、新しい（主に国家による）統治という名の国民的な合意を調達するために、個を確立し、新しい公を創出することであった。

「グローバル化」が支配する 21 世紀においては、国家が個人に対して相対的に無力化され、国家がピンチに陥っているのだから、いまこそ国家の再強化（新しい公の創出）に合意できるような個（国民）の確立が目指されたのである。一つずつみてみよう。

国家の再強化　報告書はまず、日本における社会の統治のあり方について、従来の「統治」（governing）から新しい「協治」（governance）に

変えるべきだとする。「協治」あるいは「ガバナンス」とは、国民が政府に負託し、政府は国民に負託されるという、契約的な緊張関係をはらむものだとされた（36頁）。

　これまで、日本では国・官・組織が優先され、社会全体が一丸となってすすんできた。そこでは、公とは官を意味し、公は「お上」が決めるものだとされ、国民もその公を受け入れ頼ってきた。だが、それでは、個人の発言力が強まり国家による統制が無力化している「グローバル化」の挑戦を受けて立つことはできないのだと、報告書は強調する。政府から企業、大学、NGOまで、「個人と組織の間の新しいルールと仕組みが必要」なのだというわけである（36-37頁）。

　こうして、自己責任で行動する個人や主体が協同してこれまでとは異なる公を創出すること、すなわち、無力化しつつある国家を自発的に救おうと志す個人の確立による、多元的な社会の構築が必要となる。なぜならば、20世紀が「組織の世紀」だとすれば、21世紀は「個人の世紀」だからである（37頁）。

　報告書によれば、個が自由で自発的な活動を繰り広げ、社会に参画し、合意（契約関係）に基づいたより成熟したガバナンスを築き上げていくと、新しい公が創出されるのだとされた。個が自立し自由であってこそ新しい公の創出が可能となり、新しい公が創出されるなかで個はみずからの存在基盤をたしかめ主体性を発揮することが可能なのだというのである（37-39頁）。

　いわば、「個人の世紀」においては、国家の再強化のために個人を統制することはできないのだから、自発的・主体的にそれを目指す個の確立が必要とされたのである。これは、旧来のナショナリズムに代わる「新しい」ナショナリズム（ネオナショナリズム）の換起が求められ

ていることを、別のコトバで表現したものであった。

② 日本の位置付けと役割

戦後日本の位置付け　ただ、こうした個と公、国民と国家の関係の再定義・再構築は、世界に対する挑戦たる「グローバル化」という潮流のなかでなされる必要があったから、その大前提として、世界のなかで日本がどう位置付けられ、どのような役割を担うのか、ということをまず再定義しなければならない。それは、バブル経済の崩壊による「第二の敗戦」が意識されるなかでは、戦後初期（第一の敗戦）と同様、経済外交の再検討と軌を一にしながらなされることとなった。

　ここでのキーワードは「成功の代償」である。とくに戦後日本は「奇跡の復興と驚異の成長」により「経済先進国入り」を果たし、これは平和と繁栄の「成功物語」、「成功モデル」だといわれてきた。だが、このモデル（明治以後の「『追いつけ追い越せ』モデル」）に対する過信は日本の活力を削ぐことになる。なぜならば、そこで目指されたのは、究極的には欧米諸国というモデルだったがゆえに、自前のモデルやそれに基づいた振る舞いが育たなかったからである（25-26 頁）。

　このことが示唆しているのは、「新しい」モデルが必要だということだった。しかしながら、外の世界に出来合いのモデルはない。世界は、「グローバル化」のもと、同じ問題に直面しているからである。日本のなかにひそむすぐれた資質（潜在力）、才能、可能性に光をあて、活かし、開花させる必要が指摘されたゆえんである（26-27 頁）。

　事実、報告書によれば、「グローバル化」の挑戦を受けて立つには、これまでの日本のあり方は世界のなかでも不十分だった。というのも、「日本の情報技術革命への対応は、米国などと比べるとはるかに遅

れている」からである。インターネットのようなインフラ整備、ソフトなどの情報技術の開発、さらには情報技術教育の強化など、課題が山積していたのである（32-33頁）。

　いわば、「成功の代償」を支払わなければならない立場に、20世紀末の日本はおかれていたのである。日本はたしかに欧米諸国をモデルとし、「先進国」だといわれるまでに成長した。だが、そのことで日本の活力が削がれた結果、「グローバル化」に向けた対応において日本は、他の「先進国」に大きく遅れ（後れ）をとっており、その後塵を拝する場所（すなわち準「先進国」とでもいうべき場所）に位置付けられていたのである。

「新しい」日本の役割　こうして、2000年代以降の「新しい」日本の役割とは、この「先進国」のなかでの遅れを取り戻すものとなる。ただ、外の世界にモデルを求めることはできないから、「新しい」モデルを日本のなかから引き出してこなければならない。すなわち、「グローバル化」をめぐる対応の遅れを取り戻すという問題意識を自発的・主体的に持つ個の確立により、新しい公を創出し（国家の再強化）、グローバルな制度やルールづくりに積極的に参与することが、「新しい」日本の役割だとされたのである。

　奇しくも、「グローバル化」とともに、「20世紀までの日本の歴史に常に重くのしかかってきた物質的『欠乏』から、国民は基本的に解放される」ため（37頁）、資源小国であっても、制度やルール、情報、世界とのコミュニケーション能力（「グローバル・リテラシー」）、およびそのための技術（「情報技術」）といった、物理的な制約に必ずしも囚われないもので勝負できる。制度や基準、慣行などが世界標準に照らされ評価される、制度やルールの大競争時代だからこそ、日本はこの競争

をいま一度主導することが目指されたのである（29-31 頁）。

③　経済外交の方向

もう一度、世界に　ここで興味深いのは、報告書が、その総論部分の最後に、明治初期の岩倉具視欧米使節団による『米欧回覧実記』を、これからの日本が目指すべきものとして挙げていることである。

　これを「世界の先進国の優劣を日本の戦略的必要性の観点から評価し、それぞれから学ぶものは学び、取り入れるものは取り入れるという主体的な姿勢を浮き彫りにし」たものだと紹介したあと、報告書はこう指摘する。『米欧回覧実記』の印象的な部分は、「政治、経済、社会のすべてで欧米諸国との気の遠くなるほどの格差を目の当たりにしても、それでも日本は日本のやり方で近代化を成し遂げられる、との『実務的な想像力』である」、と（62-64 頁）。

　21 世紀の日本のあり方を示すにあたり、近代的な国際社会のなかに居場所を見出そうとした明治初期の岩倉使節団が掲げられていたことは、「第二の敗戦」、あるいは「経済外交敗戦」[6]というコトバまでもが跋扈している事実とあわせて考えると、示唆に富んでいる。というのも、そのいずれもが、「新しい」日本のあり方を世界に認めてもらおうとするためのものだったからである。

経済外交の必要　ただ、明治期のように戦争や植民地支配に乗り出せば、世界に認めてもらえないだろうから、戦後初期（第一の敗戦）に経済外交が必要とされたように、「第二の敗戦」を経験した 1990 年代以降、とくに 21 世紀においても、もう一度、世界に出ていくために、さまざまな制度づくり、ルールづくりに参与するための経済外交が必要とされることとなった。FTA や EPA、TPP の締結に奔走したのは、

その一つのあらわれであり、その締結にあわせて、日本国内のさまざまな改革（報告書の記述に沿えば、それは「個」たる日本人の「潜在力」を引き出すためのものだ）が行われたのである。

◆Ⅱ 「経済外交」を再現する── 1997 年〜

「成功の代償」に対処するという、2000 年代以降における日本の経済外交の指針は、重要な含意を持っている。なぜならば、少なくともこの時期の日本の政策決定者たちは、これまでの戦後日本のあり方とその方向性とが、基本的には間違っていなかったのだと認識していたことになるからである。

自由貿易協定の締結　そのため、「代償」を支払わずに済む「成功」を求めるために、21 世紀の日本の経済外交は、かつての「成功」したとされる部分のみをモデルとし、それを「日本のやり方」で再現すること、すなわちこれまでの経済外交の日本主導による早回しをみているかのようなものとなる。

それは、グローバリゼーションをめぐる対応で他の「先進国」から遅れをとっている状況においては、戦後初期の「中進国」日本がアジア諸国を中心とする「後進国」に対して抱いていた優越性・指導性を取り戻す、というかたちでまずあらわれた。東アジア地域におけるFTA や EPA の締結が目指されたゆえんである。

これは、小渕首相のもと試みられた戦後日本の再定義の帰結だった。アジア通貨危機とそれに対する新宮沢構想（通貨スワップ協定）を経て、日本は 2000 年代以降、これまでの WTO 重視から、FTA やEPA のような二国間協定・地域協定重視に舵を切る[7]。その結果、

2002年1月、シンガポールとの経済連携協定を皮切りに、マレーシア（2005年）、タイ（2007年）、インドネシア、ブルネイ、フィリピン（2008年）、ベトナム（2009年）とのあいだに二国間協定を締結した。また、2008年12月には、2005年からの交渉の末に日本がはじめて結んだ多国間の地域協定、日本・ASEAN包括的経済連携協定が発効し、アジア地域における自由貿易地域の形成を主導したのである。

　こうして、日本の政策決定者たちは、2010年代になると、「先進国」日本として世界をリードする方向性をも目指すようになる。TPP交渉参加（2013年）や日EU経済連携協定の締結などがそれにあたる。前者は、2017年1月、アメリカの離脱表明により、日本やオーストラリア、ニュージーランドが新協定の締結を主導、「環太平洋パートナーシップに関する包括的及び先進的な協定」（CPTPP、あるいはTPP11協定）として、2018年12月に発効した。また後者については、2011年の交渉開始から8年、2019年2月に発効している。

　ふたたび経済外交を考える　これらの協定は、その内容を概観すれば理解できるように、貿易やサービス、投資などの自由化、市場に対するアクセスの保証、問題が起きたときの紛争解決方法などを軸としており、1970年代以降の経済外交が目指してきたもの（「自由主義経済制度」の擁護）の延長線上に意義付けられるものである。

　だが、そのことは、「近代を超える」ことを目指した経済外交と同じ問題に直面することを意味する。すなわち、市場メカニズム（経済的原理）の必要性を強調しすぎると、政策決定（人為的関与）を行う国家（日本）の役割をも侵食してしまい、かといって人為的な関与の必要性を強調しすぎると、こんどは保護貿易主義をも擁護することになってしまうから、これを防ぐためにも、ふたたび市場メカニズムのような

Ⅱ 「経済外交」を再現する

経済的原理の重要性を強調する必要が出てきてしまう、という循環論的な状況である。

これに対して、第1章でみたように、経済と外交の矛盾を戦略で乗り越え、「オールジャパン体制」で立ち向かう、というのは、意気込みとしては一つの答えたりえるかもしれない。また、FTA や EPA は、経済と外交の矛盾を止揚するために、貿易や投資などのあり方をめぐるルールをつくることを目的としているのだから、そのような問題には必ずしも直面しないのだ、ということも、政策論としてはできるだろう。

だが、経済的原理と人為的関与のよい部分だけを伸ばそうとすることが、不必要な部分、「悪い」部分を必ず生み出すことで循環論的な状況に陥ってしまうように、「代償」を支払わずに済む「成功」を求めれば、経済の動きと外交の働きが実際にはぶつかることにより、不必要な部分、「悪い」部分が必ず生み出され、現実問題としては、それをなんとかする必要にせまられるのである。経済と外交のよい部分だけをえようとすることで、「悪い」部分が（意図せざるかたちで）だれかに／どこかに押し付けられることになってしまうからである。

では、21 世紀の日本の政策決定者たちは、この経済と外交の関係をどう考えていたのだろうか。次章では、2010 年代以降に目を向けつつ、この問題にいま一度焦点をあてながら、これからの経済外交の未来について考えていきたい。

[注]

1）西川長夫『増補 国境の越え方──国民国家論序説』平凡社、2001 年、380 頁。
2）スタンレー・ホフマン「グローバル化の衝突」『論座』2002 年 9 月、216 頁。

3 ）同上論文 217 頁。また、詳しくは、伊豫谷登士翁『グローバリゼーションとは何か
　　──液状化する世界を読み解く』平凡社、2002 年を参照。

4 ）ホフマン、前掲論文 216 頁。

5 ）河合隼雄監修、「21 世紀日本の構想」懇談会『日本のフロンティアは日本の中にある
　　──自立と協治で築く新世紀』講談社、2000 年。本文中の頁数は、本書による。

6 ）伊藤隆敏「経済外交の視点──アジア経済危機とわが国の役割（特集　アジア経済危
　　機の教訓と日本の役割──望ましき世界経済システム）」『外交フォーラム』1999 年 2
　　月、26 頁。

7 ）「中国の対 ASEAN 経済外交と日本」『経済の進路』2002 年 12 月、11-13 頁。

◆ 第 **5** 章 ◆
経済外交の未来

　第4章でみてきたように、2000年代以降になると、経済外交という「魔法の杖」は、「第二の敗戦」あるいは「経済外交敗戦」といわれる状況からの再起を図るため、三たび必要とされるようになった。グローバリゼーション（「グローバル化」）が個人の発言力を強化する一方で国家による統制を無力化するなか、日本はその対応をめぐり他の「先進国」に遅れをとっているから、まずは国家の再強化に向けた国内の社会的合意をつくりだし、そのうえで、グローバルな制度やルールづくりをふたたび主導することが目指されたのである。こうして、「魔法の杖」は、かつてのような世界の再編をリードする「先進国」日本をできるかぎり早急に取り戻すために、さまざまな場面でこれまで以上に酷使されることとなったのである。

　そのため、ここで繰り出されるべき「魔法」とは、「間接魔法」であるか「直接魔法」であるかを問わず、「魔法効果」の高いもの（それゆえ、「魔力」の消費量の多いもの）が選ばれることとなる。その必然的な帰結が、従来であれば必ずしも「魔法」に頼らなかったものにまで「魔法」を使う、「オールジャパン体制」であった。個人に対する国家の無力化が認識される状況では、他の「先進国」に少しでも早くキャッチ・アップできるよう、国家すなわち日本の再強化に向けたあらゆる努力が払われなければならなかったのである。

　しかしながら、このことが意味していたのは、1970年代以降に濫用してしまった「魔法の杖」が砕け散ってしまわないよう配慮しながら、「魔法効果」が高いがゆえに「魔力」の消費量の多い「魔法」を、これまで以上に多用する必要があるということだった。他の「先進国」からの遅れを取り戻そうと、ボロボロになった「魔法の杖」を振り続ける2000年代以降の日本は、いわば「魔法使いの落ちこぼれ」ともいえる立場におかれていた。

　経済外交に未来はあるのか。わたしたちはそれをどう思い描けばよいのだろうか。本書の最後に、ここではとくに2010年代以降に目を向け、この問題を考えてみよう。

◆ I　経済外交の課題

　2010 年代以降の世界は、基本的には、グローバリゼーションが、一方で世界経済の形成とその不均等な影響による国際社会の分断を推し進め、他方で、それに対応するためのグローバル社会が形成されるとともに国内社会は分断されるという、2000 年代以降の世界の延長線上に意義付けられる。

　ただ、この時期をみてみると、国際的、国内的な社会の分断を補完するかのような一つの動きが注目される。それは、Twitter（ツイッター）や Facebook（フェイスブック）、LINE（ライン）、Instagram（インスタグラム）や YouTube（ユーチューブ）のようなソーシャル・ネットワーキング・サービス（SNS）と、この SNS をプラットフォームにするソーシャルゲームの台頭である。

　これらは、これまでの社会では出会えなかった人たちとの交流を可能にしたり、離ればなれになってしまったかつての友人や知人、恋人との再会の機会となったり、あるいは人生に「新しい」目標を与えてくれたり、仕事や収入をえるチャンスを提供してくれたり、することとなった。これらを可能にしたこの SNS の特質は、従来の社会のある部分だけをとくにフィーチャーしたものであり、四つにまとめることができる。一つは、それらがいわゆる運営側の企業や組織、個人によりつくられ管理されているということである。このことが示唆しているのは、これら SNS のありようが、これまで以上に、その構成員のみならず、運営側やそれを取り巻く諸事情により変化したり、最悪の場合、交流の場それ自体が消滅したりするかもしれないということだった。たとえば、株式会社ナナメウエが 2015 年から提供してきた学

生向け SNS、「ひま部」が、2019 年いっぱいで終了したことなどがその一例である[1]。

　また二つは、この運営側による管理がもたらす特質である。それは、SNS によるやり取りがなんらかのかたちで、従来とは比較にならないくらい、半永久的に保持される可能性があるということである。みずからの振る舞いがそのまま記録されるというのはメリットだが、たとえば、自身のヌード写真をオンライン上でやり取りしたり、差別的な発言をネット上に書き込んだりすれば、たとえそれを知る構成員がすべてこれらを消去しても、どこかにデジタルデータのかたちで維持される。ましてや、これらが SNS の外に拡散されれば、なおさらである。いわゆる「黒歴史」も消せないのである。「忘れられる権利」や「デジタル遺品」の問題がいわれるようになったのは、この SNS の特質を考えれば当然のことであった[2]。

　さらに三つは、こうした SNS の二つの特質が、とくに第三者によりこれまでの社会以上に悪用される可能性である。なぜならば、インターネットにつながっているかぎり、コンピュータの中身を覗いたり改ざんしたりすることができるからである。本人が隠したいと考えているものを明らかにしたり、本人に成りすまして振る舞ったり、本人がやっていないことをやったことにしたり、することができるのである。

　そして最後に、本書の問題関心からするとこれがもっとも重要なのだが、SNS が、既存の社会とは段違いに、経済的な問題（とくに格差や不平等）とつながりうるということである。というのも、これに参加するには、少なくとも端末とインターネットの接続環境、そしてそれらを使いこなす能力が不可欠だからである。もちろん、端末が設置さ

れていたり無料の Wi-Fi が使える場所もあるにはある。だが、そのこと自体が、経済的に恵まれている人たちとそうではない人たちとの格差をすでに反映しているのである。いわば、SNS とは、従来の社会以上に、それに（経済的に）アクセスできる人たちのみを対象としたものなのである。

　その意味において、SNS に代表されるこの「新しい」動きは、第 4章でみたグローバリゼーションそのもの、すなわちグローバルな一連の技術の集積プロセスの一部だとみることができるだろう。もしそうなのだとすれば、やや牽強付会かもしれないけれども、この動きとどう向き合うのかということが同時に、これからの日本の経済外交をどう思い描くのかということと密接に関係しているのだと考えることもできる。なぜならば、（これも第 4 章で議論したが）グローバリゼーションをめぐる対応の遅れを取り戻すことが、21 世紀の経済外交の課題だとされており、そのためには、「グローバル・リテラシー」と呼ばれる、対外的なコミュニケーション能力（国際共通語だとされた英語と、コンピュータのような情報技術を駆使できる能力）の充実が、2000 年代以降の日本の急務だとされていたからである（SNS はまさに、その一つだというわけだ）。事実、日本政府はこんにち、小学校から英語教育を推進するとともに、一人一台のパソコンを支給したり、プログラミング教育を導入したりすることを計画しているのである[3]。

　このように、経済外交とわたしたちの生活は、一見すると無関係であるようにみえながら、グローバリゼーションの時代においてはとくに、戦後日本のあり方を媒介として、密接に結び付いているのである。そこで、これからの経済外交のありようを考え、戦後日本とわたしたちの生活の未来を考える一助として、まず第二節では、わたしたちが

おかれている状況を知るために、2010 年代をつうじて交渉が行われた
環太平洋パートナーシップ（TPP）協定締結の歴史的な経緯を簡単に
追いかけ、第三節では、本書のまとめも兼ねて、経済外交の未来を少
し展望してみよう。

◆Ⅱ　経済外交を考える── TPP 交渉を事例に ━━━━

　TPP はもともと、2002 年にシンガポール、ニュージーランド、そし
てチリの 3 か国間で交渉が開始され、2005 年にブルネイが参加、これ
ら 4 か国で 2006 年に締結された経済連携協定（EPA）がもととなって
いる。この協定は、自由貿易協定をめぐる諸分野をほとんど含み、関
税を撤廃し、モノやサービスの貿易のあり方を定め、知的財産につい
て考え、政府調達や競争のルールを決め、問題が起きたときの解決方
法を規定していた。

　この協定が注目されるようになったのは、アメリカが参加を表明し
（2008 年）、日本やオーストラリアなど関係国に参加を呼びかけ、その
結果、ペルー、オーストラリア、ベトナム、そしてマレーシアなどが
本格的に交渉に参加するようになった 2010 年代である。

TPP 交渉参加の目的　ではなぜ、日本政府はこれに参加しようと考え
たのか。

　すでに、参加の方針自体は、民主党政権の菅直人内閣や野田佳彦内
閣のもとで決まっていたが、2013 年 3 月に参加を正式に表明した安倍
晋三首相による記者会見の内容は、それを知るうえで不可欠だろう。
というのも、ここで安倍首相は、戦後はじめての「通商白書」（1949 年）
の一節、「通商の振興なくしては、経済の自立は望み得べくもない」を

引き、TPP 交渉参加は、輸出振興により高度経済成長を達成した、かつての戦後日本の道をふたたび辿ることだと強調していたからである。

　いわば、アジア太平洋地域に「新たなルール」をつくることは、日本のためになるだけでなく世界に繁栄をもたらし、この地域の安定にも貢献するのであり、かつて戦後初期に GATT に加入したように、TPP にも参加すべきだとされたのである[4]。小渕政権のもとで打ち出された戦後日本を取り戻すという方針が、ここでも引き継がれていたのである。

日米協調の合意　さらに興味深いのは、日本政府が TPP 協定締結のための多国間交渉をすすめながら、アメリカとの二国間協議（「日米並行協議」）をも開始していたことである。

　2013 年 4 月の合意内容によると、日本とアメリカの両政府は「経済成長促進、二国間貿易拡大、及び法の支配を更に強化するため」、「TPP 交渉と並行して、保険、透明性／貿易円滑化、投資、知的財産権、規格・基準、政府調達、競争政策、急送便及び衛生植物検疫措置の分野」における非関税措置に取り組むことで一致した。

　そのうえで、アメリカ側が「長期にわたり」懸念を表明してきた自動車貿易について、「TPP 交渉と並行して」日米協議を行うこととし、日本には農業分野の、アメリカには工業分野の、「センシティビティ」があることを認識しつつ、TPP におけるルールづくり、市場アクセスをめぐる交渉で、日米両政府は「緊密に共に取り組んでいく」こととなったのである[5]。

日本の TPP 交渉参加　日本の TPP 交渉参加は、マレーシアのコタキナバルで開かれた 2013 年 7 月の第 18 回 TPP 交渉会合で承認され、

まずは首席交渉官会合のほか、知的財産、政府調達、原産地規則、環境、制度的事項の五つの作業部会に参加することとなった。

　こうして、2015 年 10 月に TPP 協定が大筋合意されるまで、多国間および日米二国間で幾多の会合が持たれ、日本側は、安倍首相が 2013年 10 月の TPP 首脳・閣僚会合（インドネシア、バリ）で述べたように、モノのみならず、サービスや投資、知的財産、環境のような分野を含んだ「21 世紀型の新しい経済統合の枠組み」と意義付ける TPP の締結に向け努力することとなる[6]。

　それらをすべて概観することはここではできないが、日本側の交渉方針については、大きく二つを指摘することができる。

日本側の交渉方針　一つは、TPP 協定全体をめぐるもので、甘利明TPP 担当大臣が 2014 年 2 月の TPP 閣僚会合（シンガポール）で強調していたように、「交渉分野全体で、包括的でバランスのとれた合意を目指すべき」だということである。というのも、「21 世紀型の新しい経済統合」を目指していた日本側からすれば、モノの関税撤廃のみに固執せず、サービスや投資、政府調達や市場アクセスなど、幅広い分野を交渉の対象とする必要があったからである[7]。

　ただこのことは、日本側がモノの関税撤廃に関して消極的な姿勢を示していたことのあらわれでもあった。なぜならば、「センシティビティ」のある個別品目、たとえば農産品のいわゆる「重要五品目」（コメ、麦、牛肉・豚肉、乳製品、砂糖の原料）をめぐり、衆議院と参議院の農水委員会による決議がなされていたからである。日本の政策決定者たちは、もう一つの方針として、このことにつき、各国の理解をえる必要があったのである[8]。

　この決議は、日本の TPP 協定交渉参加が表明された直後の 2012 年

4月になされ、これら農産品の「重要五品目」については「除外又は再協議の対象」とすること、また、「段階的な関税撤廃」についても「認めない」こと、を求めるものであった[9]。

いわば、日本側は、2014年4月の日米協議のなかで主張したように、「高いレベルの自由化を目指している」TPPと、衆参農水委員会の決議とのあいだに、「整合的な成果」を必要としていたのである[10]。これはまさに、経済的原理と人為的関与（外交や政治）のあいだにどう折り合いをつけるのかを考えるという、経済外交のバリエーションであった。

TPP協定の大筋合意　こうして、2014年後半から2015年にかけての度重なる厳しい交渉を経て、2015年10月、アトランタで開かれたTPP閣僚会合において、大筋合意が発表された。

閣僚声明では、この協定が「雇用を維持し、持続可能な成長を促進し、包摂的な開発を発展させ、イノベーションを向上させる合意」であったと指摘され、「各国の国民に利益をもたらす、野心的で、包括的な、高い水準の、バランスの取れた協定」だとされた[11]。

2016年2月の関係12か国による署名を受け、あとは、この協定を発効させるための技術的な作業と、国内的手続きの完了を待つのみであった。

アメリカの離脱表明　だが、ここでTPP協定の大筋合意を揺るがす事態が起きる。2017年1月、これまで日本が「緊密に」連携してきたアメリカが、TPP協定からの離脱を表明したのである。

TPP協定は、第30章5条2項で、2013年時点での国内総生産（GDP）の85%を占める署名国の参加を必要としていた。そのため、世界の20%余りを占めるアメリカの離脱は、協定の再交渉が必要で

あることを意味していた。

新協定の策定　その結果、2017 年 5 月、アメリカを除いた新協定（TPP11 協定）の策定を目指すことが合意され、「日本主導」のもとに、7 月からその交渉がはじめられた。

　すでに（旧）協定については大筋合意に達し、日本をはじめオーストラリアやニュージーランドなどは国内手続きを終えていたこともあり、交渉は 11 月、ベトナムのダナンで開かれた TPP 閣僚会合で、一部条文を例外的に「凍結」することにより合意に至った。この合意は、2018 年 1 月の高級事務レベル会合で残された問題を最終的に確定、3 月、チリのサンティアゴで TPP11 協定は署名されたのである[12]。

TPP11 協定の発効　日本はその後、2018 年 7 月、メキシコに次いで二番目に国内手続きを完了させ、シンガポール、ニュージーランド、カナダ、オーストラリアがこれに続いて、協定の発効要件である署名国の過半数を満たすこととなった（TPP11 協定第 3 条）。この条項によれば、署名国の 6 か国または過半数が、寄託者（多国間条約の管理者）であるニュージーランドに通報したあと、60 日で効力を生ずることになっており、これを受けて TPP11 協定は 2018 年 12 月 30 日、正式に発効することとなったのである。

◆Ⅲ　経済外交の未来 ▬▬▬▬▬▬▬▬▬▬▬▬▬

TPP と経済外交　では、経済外交の観点からみると、日本側はこの交渉のなかで、経済と外交の矛盾する動きにどう折り合いをつけたのだろうか。

　外務省経済局は、TPP11 協定発効直後に刊行された「経済外交白

書」（『我が国の経済外交』）の2019年版で、アメリカのTPP復帰が「最善」だとしたあと、経済外交における日本のあり方に関してこう述べている。

> 世界に保護主義が広がる中、価値観を共有する国々と共に自由で公正な21世紀型の貿易・投資ルールをアジア太平洋地域に広げていくことは、自由貿易の旗手としての日本の役割である。これまで議論を主導してきた我が国として、TPP11の実施面でも、参加国拡大においても、TPP11の効果が締結国のみならず、広く世界に及ぶよう、引き続き各国と緊密に連携しながら議論を主導していく[13]。

　この宣言は、一見するとあたりまえのことをいっているように思われるかもしれない。だが、少し踏み込んでみてみると、2020年代以降の日本の経済外交、すなわち経済外交の未来を考えるうえで大変含蓄深いものである。ちょっとだけ難解になるかもしれないが、順を追って考えてみよう。

日本の位置付け　まず、経済外交というかたちで日本が目指すべき方向とは、外務省経済局によれば、「保護主義」が世界に広がるなかで「自由貿易の旗手」として振る舞うことであり、それは、「自由で公正な21世紀型の貿易・投資ルール」を、まずはアジア太平洋地域に、やがては世界に広げていくのを「主導」することである。

　ただ、このことは、貿易および投資を経済の動きのまま自由に任せることではない。というのも、「自由で公正」な「貿易・投資ルール」を広げていくことが、「自由貿易の旗手」たる日本のあり方として掲げられているからである。

　いわば、TPPをめぐる日本の経済外交は、「自由主義経済制度」の

擁護を掲げた、1970年代の「近代を超える」計画の延長線上に意義付けられていたのであり、日本は引き続きこれを「主導」する（取り戻す）「先進国」として位置付けられていたのだと推察されるのである。

　しかしながら、もちろんそれとは違う部分がある。なぜならば、この「近代を超える」計画は、1990年代になると小渕政権のもとで部分的に修正されることとなるからである。

　その修正とは、グローバリゼーションの昂進による「アメリカ的」商品の氾濫や中国の経済的・軍事的台頭のなかで、1970年代のような、欧米諸国との文化的な違い（日本文化）の強調による日本の異質性（特殊な「先進国」）を前面に押し出さなくなったということである。

　つまり、あくまで日本は、「自由で公正」なルールという、（「先進国」に原則受け入れられている）価値を共有する普通の国家であり、1970年代以降の反省（たとえば、日本文化が特殊だと強調することが日本の「構造」に対する批判を招いたこと）をも踏まえ、普通の「先進国」だと位置付けられることとなったのである。

「新しい」日本の役割　それゆえ、この日本の位置付けの変化は、日本の役割にも影響を与えることとなった。

　TPP11協定は、人口約5億人、GDP約10兆ドル、貿易総額約5億ドルをカバーし、実質GDPを約1.5%押し上げ、雇用を0.7%（46万人）増加させるとされるが、外務省経済局によれば、この協定の意義はこれにはとどまらない。なぜならば、それは、貿易や投資を「自由で公正」にするのみならず、「自由、民主主義、基本的人権、法の支配といった基本的価値を共有する」国ぐにとの「経済的な相互依存関係を深め」、それにより「日本の安全保障やアジア太平洋地域の安定に大きく貢献」するものだからである[14]。

　TPP11 協定のような「21 世紀型の貿易・投資ルール」は「法の支配
を強化し」、「地域及び世界の平和と繁栄を確かなものにする」という、
「大きな戦略的意義を有している」のだというわけである[15]。

　「共有」されていないものを擁護すると日本は特殊だと思われるか
ら、それには手を出さない、というのが、「新しい」日本の役割におけ
る戦略だったのである。

経済外交の課題　ただ、この役割を完遂するには、乗り越えられるべ
き課題が少なくとも二つある。

　一つは、「自由、民主主義、基本的人権」あるいは「法の支配」のよ
うな「基本的価値」を共有しない国ぐにとはどう付き合うのか、とい
うことである。

　実は、その答えはもう示されている。すなわち、「21 世紀型の貿易・
投資ルール」に基づいた「経済的な相互依存関係」という「TPP11 の
効果」が、「広く世界に及ぶよう」「議論を主導していく」ということ
である。

　要するに、「基本的価値」を共有する国ぐにとは「経済的な相互依存
関係」を深めつつ、「基本的価値」を共有しない国ぐにに対しては
「TPP11 の効果」を広めていく、というのが、その指針だったのであ
る。「法の支配」のような価値を共有する国ぐにとの「経済的な相互依
存関係」を深めるには、さらなる「21 世紀型の貿易・投資ルール」の
設定が必要だろうから、ひとたび「TPP の効果」が受け入れられれ
ば、あとは循環論的に、経済関係の深化と「法の支配」の強化とが達
成され、「日本の安全保障やアジア太平洋地域の安定」がえられるだろ
うというわけである。

　この意味において、ここで提示された経済外交の未来とは、経済と

外交（のよい部分）を動員するために日本の文化的な特殊性の強調を避ける戦略をとりつつも、個と全体の関係をより調和的に考え、それを基盤とする「正しい」方法を世界大に広めようと「主導」していた、1970年代の延長線上にあるものだといえる。

《法による支配》の推進　このことがわたしたちの生活に与える影響は明らかである。すなわち、「21世紀型の貿易・投資ルール」に基づいた「法の支配」を国際的に強化しようとした結果、国内的には《法による支配》、すなわち法やルールによる社会の管理が推し進められるということである。というのも、TPP11協定の実施には、国際的に取り決められたルールを現実のものにする国内手続きが不可欠となるからである。

　法に違反したものは、これまで以上に厳罰に処されるだろう。あるいは、たとえば労使関係（パワハラやセクハラ対策など）のような社会的領域から、恋愛関係（「デートDV」に対する政策支援など）のような私的領域に至るまで、従来、国家による管理が必ずしも十分行き届いていなかった領域に、新たなルールが定められ、それ以外の（従来の）調整方法はしりぞけられてしまうかもしれない。

さらなる社会の分断　もちろん、国際的な「法の支配」の強化と国内的な《法による支配》の推進は、グローバリゼーションが国際社会および国内社会をバラバラにしつつあるなかで、国家の再強化を目指すとともに、社会の解体に対処しようとする部分を含んでいた。

　ところが、このことがさらに社会を分断する契機をはらむこととなる。というのも、グローバリゼーションに対するアクセスの可否が格差を生んだように、これらの新たな法やルールの設定は、それを守れるものと守れないものとに社会を二分することとなったからである。

　たとえば、たばこの喫煙をめぐる法制化を考えてみればよい。このプロセスはまず、たばこを吸う人と吸わない人を分断した。その次に禁煙する人としない人、あるいは禁煙できる人とできない人とを分断した。禁煙した人は、たばこを吸わない人たちと同じように、これまでどおりの生活を送れることとなったが、そうでない人は、たばこを吸うために「喫煙所」に追いやられ、あるいは、仕事中の喫煙が「中抜け」だと非難されたりすることとなったのである。

もう一つの課題　ただ、すべてが1970年代と同じわけではない。なぜならば、この2020年代以降の日本の役割には、もう一つの乗り越えられるべき課題があるからである。それは、日本経済の世界における重要性が低下したときどうするのか、という問題である。

　日本の役割は、「法の支配」のような「基本的価値」を共有する国ぐにとの「経済的な相互依存関係」を深め、それにより「日本の安全保障やアジア太平洋地域の安定」を実現しようとするものである。だが、日本経済はバブル経済の崩壊以後、低迷を続けており、2000年代初頭に「失われた10年」といわれていたのが、いつのまにか「失われた20年」になり、いまでは「失われた30年」というコトバも聞かれるようになっている。

　また、世界経済における日本経済の重要性も低下し続けており、世界のGDPに占める日本の割合は、1995年には17.6％だったのが、2018年には5.7％にまで下がっているのである[16]。

　「経済的な相互依存関係」の深まりが、一方で「法の支配」の強化の、他方で「日本の安全保障やアジア太平洋地域の安定」の、それぞれカギになっているのだとすれば、日本経済が低迷し、他国とその人びとに差し出せるものが減ってしまえば、この経済外交の未来のビジョン

は意味のないものになってしまうだろう。

　いわば、2020年以降の経済外交は、日本が直面するさまざまな外交的課題を戦略的に解決する手段として経済を意義付け、そのようなかたちで経済と外交の矛盾する動きに折り合いをつけようとしたため、経済がダメになってしまったときすべてを失うようなものとなってしまったのである。

経済外交の未来　ではどうすればよいのか。わたしたちにはなにができるのか。

　経済外交という「魔法の杖」の使い方をめぐる正統な「魔術書」はいまだ存在しないから、ここで十全な解決策を提示することはできない。だが、一ついえるのは、2020年代以降の経済外交においては経済がカギなのだから、日本経済の（低迷ではなく）成長が絶対に必要だということである。

　これは、いわゆる「成長至上主義」をすすめているのではない。このことが意味しているのは、「先進国」日本を維持する（取り戻す）だけでは絶対にダメだということである。ましてや、外務省経済局が指摘するように、これからの経済外交が「自由、民主主義、基本的人権」のような、なんらかの意味での「正義」に関わるものにも配慮しなければならないのだとすれば、なおさらである。なぜならば、「ゼロ成長政策をとるなら、その先進国は正義──国内的・対外的のいずれかを問わない──の実現に向けて全く何もしないのだということになる」からである[17]。

　では、「自由、民主主義、基本的人権」を擁護しつつ日本経済を成長させるにはどうすればよいのか。経済学的にはすでにさまざまな議論がなされているので、ここでは、もう少し一般的なことを考えてみた

い。それは二つある。

　一つは、すでに議論したグローバリゼーションの特質を想起するならば、やや逆説的だが、日本の経済外交を考えるにあたり、日本よりも大きなものと小さなものに目を向ける必要があるということである。

　一方で、日本より大きなものとは、究極的には世界全体であり、それは具体的には、国家間の秩序（国際秩序）よりも広い「世界秩序」を考えることにつながる。

　秩序とは、ザックリいってしまうとパターンのことであるから[18]、「自由、民主主義、基本的人権」を掲げつつ世界秩序について考えるならば、伝統的な戦争と平和の問題に加え、人権や配分的正義、貧困や環境問題などに配慮されたパターン（法やルールではない）をまずつくりだすことを意味するだろう。

　日本経済が成長できるような政治的・社会的基盤をグローバルに整備するためである。

　これに対して、他方の日本より小さなものとは、端的にはわたしたちが生活している場のことであり、たとえば、会社や学校、地域から、家庭、そしてわたしたち一人ひとりに至るものである。

　日本にはすでに、先住民をはじめ、在日外国人から来日外国人までさまざまな人びとが暮らしており、その状況は、グローバリゼーションのもと新しい外国人技能実習制度が2017年から導入されたことで、ますますそうなっている。

　グローバリゼーションとは、すでにみたように、個人が世界と直接つながれるツールの集積プロセスだが、このような状況のなかでそのようなツールを手にしていることが意味しているのは、やや大げさに

いえば、わたしたちの日常的な一挙手一頭足が、世界にそのまま発信され、日本経済の成長のためのグローバルな基盤をつくりだしたり揺るがしたりする可能性があるということである。

つまり、経済外交の未来は、いまやなんらかの意味での《経済外交》という「魔法の杖」を持ちうる、わたしたち一人ひとりの振る舞いにかかっているのである。

「魔法の杖」の使い方　それでは、日本より大きなものと小さなものに目を向けるとして、そこで「自由、民主主義、基本的人権」を擁護した日本経済の成長のために「魔法の杖」をどう使えばよいのか。それは、（これが二つ目の成長に向けた方法なのだが）簡潔にいえば、「魔法」は自分のためだけではなく他人のためにも使う、ということに尽きる。

ここには二つの理由がある。

第一に、グローバリゼーションが国際的・国内的に社会を分断するなかで、「魔法の杖」を主に自分のためだけに使えば、こうした分析を助長してしまうからである。世界秩序を考えなければならないときにそんなことをしてしまえば、こんどはそれが生み出す弊害に対処するために「魔法の杖」を使わなければならず、日本経済の成長に割り振るべき「魔法」が浪費されてしまうのである。

また第二は、GNP や GDP のような経済の成長を測る指標がはらむ古典的な問題である。

たとえば、都留重人による GNP 批判を思い起こしてみよう[19]。犯罪率の高まりにより盗難報知器がよく売れる、といった場合には GNP は押し上げられ、経済が成長しているとみなされるが、専業主婦／主夫がいくら家事をこなしても、指標には反映されない。また、無

駄遣いや浪費は GNP に盛り込まれるが、おもしろい漫画を描いて友達にみせても、数値にはカウントされないのである。

　だが、犯罪率が高まったり無駄遣いや浪費が増えたりするよりは、家事が行き届いていたりおもしろい漫画が読めたりするほうが、多くの人にとっては望ましいだろうから、もしそうだとすれば、日本経済の成長が絶対に必要だとするときの「成長」が指し示すものについても、考え直す余地があるのである。

　こうして、日本経済の《成長》のためには、「魔法の杖」をだれか他人のためにも使うのがよい、という一つの方向性が考えられるのである。

　家事を抱えて大変そうな人が身近にいればサポートできなければならないし、おもしろい漫画をみせてもらったらおいしいコーヒーでもてなしたりできる必要がある。こうしたたとえは、経済外交とは無関係だと思われるかもしれないが、グローバリゼーションとそれにともなう社会の分断のなかでは、日本経済の《成長》のための基盤を整備し、他人のみならず、わたしたち自身の境遇をもよりよいものにすることにつながっているのである。

　いってみれば、他人のために「魔法の杖」を使うということは、他人のおかれている（しばしば矛盾した）境遇をしっかりと見抜き、それを補えるだけのいろいろな「魔法」をきちんと繰り出せるようにしておく、ということを意味しているのだ。「魔法の杖」を使うべき「そのとき」は突然やってくるから、いざというときのために他人に対して差し出せるものを、普段からちゃんと用意しておかなければならないのである。

　経済外交を考えるとは、このように、必ずしも経済や外交、日本の

あり方にとどまらない、わたしたちの生活を考えることでもあるのだ
ろう。せっかく「魔法の杖」を先人たちから引き継いだのだから、大
事に使っていく方法を考えるのが、わたしたちの責務なのである。

[注]────────────────────────────

1）「サービス終了のお知らせ」『ひま部のアルパカブログ』2019 年 10 月 30 日（https:
　//himabuapp.tumblr.com/post/188690002391/ サービス終了のお知らせ）。

2）たとえば、「『忘れられる権利』で日本の最高裁が初の判断」『朝日中高生新聞』2017
　年 2 月 26 日（https://www.asagaku.com/chugaku/newswatcher/8915.html）；「社説
　デジタル遺品／『終活』へ公的対応が不可欠」『河北新報』（オンライン）2020 年 5 月
　23 日（https://www.kahoku.co.jp/editorial/20200523_01.html）。

3）これらがある種の「経済対策」として打ち出されていることは、たとえば、文部科
　学省が、経済産業省や企業などと協力しながらこれを推し進めていることに暗示さ
　れている。文部科学省「『みらプロ 2020』の実施について」（https://www.mext.go.
　jp/a_menu/shotou/zyouhou/detail/mext_00401.html）。また、このことをより直接
　的に指摘したものとして、「パソコン『1 人 1 台』年度内に　文科省、臨時休校受け
　前倒し──緊急経済対策」『時事ドットコムニュース』2020 年 4 月 7 日（https://
　www.jiji.com/jc/article?k = 2020040701241&g = soc）。

4）「安倍総理記者会見冒頭発言（2013 年 3 月 15 日）：TPP 参加表明」内閣官房 TPP 政
　府対策本部「TPP 協定交渉の経緯について」日付なし、内閣官房ホームページ（http:
　//www.cas.go.jp/jp/tpp/naiyou/index.html）；「第 18 回 TPP 交渉会合（於：コタキナ
　バル）の概要（2013 年 7 月）」同上、内閣官房ホームページ。この「TPP 協定交渉の
　経緯について」は、内閣官房ホームページの下のほう、「その他参考資料について」
　の「資料 1」、「TPP に関する参考資料（交渉経緯関係（1））」（http://www.cas.go.
　jp/jp/tpp/naiyou/pdf/sankousiryou2/160420_tpp_sankou01.pdf）にある。以下、と
　くに断りがないかぎりこの資料からの引用とし、タイトルのみを記すこととする。

5）「日米協議の合意（日米並行協議開始）の概要（2013 年 4 月 12 日）」。

6）「TPP 首脳・閣僚会合（於：バリ）の概要（2013 年 10 月）」。

7）「TPP 閣僚会合（於：シンガポール）の概要（2014 年 2 月）」。

8）同上。

9）「参議院・農水委員会衆議院による決議（2013 年 4 月 18 日）」；「衆議院・農水委員会
　衆議院による決議（2013 年 4 月 19 日）」。

10）「日米協議の概要（閣僚会議　於：東京）（2014 年 4 月）」；「日米協議の概要（閣僚会
　議　於：ワシントン）（2014 年 4 月）」。

11）「TPP 閣僚会合（於：アトランタ）の概要（2015 年 10 月）」。

12）外務省経済局『我が国の経済外交　2019』日本経済評論社、2019 年、18-19 頁。

13）同上書 20 頁。

14）同上書 18 頁。

15）同上。

16）「Q15　世界の中の日本経済の位置づけはどのようになっていますか」内閣府ホームページ（https://www5.cao.go.jp/keizai-shimon/kaigi/special/future/sentaku/s3_2_15.html）；「日本の GDP シェア、最低の 5.7%　18 年推計」『日本経済新聞』2019 年 12 月 26 日（https://www.nikkei.com/article/DGXMZO53839630W9A221C1EE8000/）。

17）スタンリー・ホフマン（寺澤一監訳、最上敏樹訳）『国境を超える義務——節度ある国際政治を目指して』三省堂、1985 年、235 頁。

18）同上書 244-245 頁。

19）テッサ・モーリス - 鈴木（藤井隆至訳）『日本の経済思想——江戸期から現代まで』岩波書店、1991 年、268-270 頁。

あ と が き

正しさよりも明るい場所を

見つけながら走ればいいんだね

—— Kalafina「君の銀の庭」

　まず最初に、経済外交ではなく「魔法の杖」に惹かれて本書を手に
取ってくださった方がたに、ひと言お詫びしたい。

　はじめ、本書の構想を立てたとき、「魔法の杖」の出番はもっと多か
った。そして、その構想に沿って書きはじめてもみた。

　だが、実際に書いていくと、なかなか本題に入らないまま、枚数ばか
りが増えていき、MP（マジック・パワー／マジック・ポイント）の概
念やら魔法の種類などを説明しているうちに、だんだんなんの本だか
わからなくなってしまった。試行錯誤もしてみたけれど、最終的にそ
の線は断念。結局、このようなかたちに落ち着いたのである。

　力至らず、大変申し訳ない。

　筆者は小さいころ、「魔法使い」になりたかった。テレビで『魔法使
いサリー』や『魔女っ子メグちゃん』などをみては（たぶん、幾度目か
の再放送だ）、「いいなぁ。あんなふうになりたいなぁ」などと思って
いた。

　さすがに小学校を卒業するあたりからやや熱も冷め、「魔法使い」も
ののアニメからも少しずつ遠ざかっていった。

　大人になってからは、TV アニメといえば『けいおん！』や『グラス

リップ』、『WHITE ALBUM2』、『人類は衰退しました』、『神さまのいない日曜日』といった成長もの、恋愛ものがメインで、「魔法使い」ものは、（お恥ずかしながら）ほとんどちゃんとみていない（『魔法少女まどか☆マギカ』とか、『Fate/kaleid liner プリズマ☆イリヤ』、『魔法科高校の劣等生』など、いくつかはチェックしていたが……）。『人類は衰退しました』の「妖精さん」の振る舞いは、みようによっては魔法に近いかもしれないが、主人公の「わたし」（なんと国連の「調停官」！ ほとんど研究者である）のインパクトが強すぎて、「妖精さん」になりたいとは思わなかった。

　そうこうしているうちに、テレビが地デジになってしまい、最初は対応していたものの、やがてテレビ自体を捨ててしまった。

　ただ、「魔法使い」になりたいという夢は、まだ完全には冷めていなかったようだ。ちょっと前に『マナリアフレンズ』をみたとき、魔法を使うアンに、久しぶりに「いいなぁ。なりたいなぁ」と思った。書庫主を氷漬けにしたり、ゴーレムを串刺し、まことに結構である。やっぱり、「魔法使い」はいい。

　本書は、こんな筆者による経済外交の本である。「魔法の杖」のおかげで束の間の「魔法使い」になることができ、とても愉快に書き上げられたように思う。「魔法の杖」を与えてくれた山本満と、いまでは手に入れるのが難しくなってしまったご高著、『日本の経済外交――その軌跡と転回点』（日本経済新聞社、1973年）に、心からお礼申し上げます。

　ただ、急ごしらえの「魔法使い」が書いた「魔術書」（研究書ではない）であるがゆえに、本書を手に取られた読者は、事実の誤認や論理の飛躍など、間違った記述や納得しがたい描写を容易にみつけるだろ

あとがき

う。あるいは、書いてあるとおりにやっても魔法が出なかったり、魔法は出たけれど効果が表れなかったりして、なんだこの本は！　と激怒されるかもしれない。そんな折には、どうかみなさまの明哲な知識で補っていただければと願うとともに、その寛容さ、寛大さをただだ祈るばかりである。

　それにも関わらず、本書が少しでも意味のあるものになっているとすれば、それは、以下の方がたのお力添えによる。コロナ禍の激動のなか、本書の草稿を読んでくださった野添文彬は、その寛厚な人柄と、研究に対する真摯かつ誠実な姿勢で、あたかも「地」の「魔法使い」のように、あるときは議論の基盤を揺るがし、またあるときはその回復を促してくれた。これらを十分生かせず瑕疵があることは筆者のせいだが、本書の議論に肥沃さがあるならば、それは彼のご助力の賜物である。

　また、本書を世に出してくださった信山社と、編集を担当していただいた今井守さんは、こんかいも、軽やかにあたたかく見守り励ましてくれた。その姿は、「風」の「魔法使い」を彷彿とさせ、まるで空間を操作するかのように、平板な草稿に輪郭を付け、あるべき場所に配置することで、奥行きのあるものにしてくれた。本書が読みやすいものに仕上がっているのは、こうしたご尽力によるものである。

　たしかに、この世界には（日本の経済外交が直面したように）物理的な制約があるのだが、その制約は、それそのものが超克されるべきというよりも、（たとえば、短歌の三十一文字がそうであるように）それ自体が同時に解放でもあるのだ。そう信じる振る舞いを魔法と呼ぶのだろう。本書を執筆するなかで、このことに気付かせてくれたお二人の歌

人（政治と一定の距離を取りつつも対峙し続けた）に、深謝の気持ちとともに、歌を掲げることをお許し願いたい。

初戀の木蔭うつろふねがはくは死より眞靑にいのちきらめけ

　　　　　塚本邦雄『戀　六百番歌合──《戀》の詞花對位法』上巻

　　　　　　　　　　　　　　　　　　　　　（文藝春秋、1975 年）

太陽のひかりあびてもわたくしは　まだくらやみに立ちつくすなり

　　　　　高瀬一誌『高瀬一誌全歌集　1950-2001』

　　　　　　　　　　　　　　　　　　　（短歌人会、2005 年）

　最後に、魔法は他人のためにも使わなければならないことを、その実践でいつも教えられた河崎祐子と、それには必ずしも見返りを求めてはならないことを学ばせていただいた、高瀬征夫、高瀬洋子に感謝します。

　そして、本書に目をとめてくださったすべての読者のみなさま、本当にありがとうございました。

　2020 年 9 月

　　　　　　　　　　　　　　　　　　　　　　高 瀬 弘 文

用 語 解 説

用 語 解 説

◇ 掲載用語一覧

◆ 欧 文

◆ 和 文

欧 文

ADB 《Asian Development Bank》

　エーディービー。アジア開発銀行の略称。1966 年、アジア太平洋の国と地域の経済協力と、経済的・社会的開発のために設立された国際銀行。加盟メンバーは、域内が韓国、台湾、中国など 49、域外はアメリカ、ドイツ、イギリスなど 19。日本は原加盟国で、最大の出資国の一つ。

ASEANAPOL 《Asean Chiefs of Police》

　アセアナポール。ASEAN 警察長官会合の略称。1981 年、東南アジア諸国連合（ASEAN、アセアン）加盟国の警察機関の専門的技術の強化と友好関係の促進のために設立された国際的枠組み。加盟メンバーは ASAEN の 10 か国、オブザーバーとして日本、韓国、中国、オーストラリア、ニュージーランド、および国際刑事警察機構（インターポール）が参加している。

CPTPP 《Comprehensive and Progressive Agreement for Trans-Pacific Partnership》

シーピーティーピーピー。環太平洋パートナーシップに関する包括的及び先進的な協定の略称。モノの関税およびサービス・投資の自由化をすすめ、知的財産や電子商取引など幅広い分野で21世紀型のルールをつくるために、2018年12月30日発効。環太平洋パートナーシップ（TPP）協定から離脱したアメリカ以外の11か国が加盟。TPP11協定ともいう。

ECAFE 《Economic Commission for Asia and the Far East》

エカフェ。（国際連合）アジア極東経済委員会の略称。1947年、アジアの国と地域の経済開発を目指し、国連の経済社会理事の下部機構である地域経済委員会の一つとして設立。日本は1954年に加盟。加盟国の地理的範囲の拡大と社会開発の重視に伴い、1974年にEACAP（エスキャップ）と改称した。

EPA 《Economic Partnership Agreement》

イーピーエー。経済連携協定の略称。貿易の自由化を目指した自由貿易協定（FTA）の内容に加え、国際投資や人の移動、知的財産の保護や政府調達、経済協力など、経済の幅広い分野での連携強化を目的とした取り決め。

FTA 《Free Trade Agreement》

エフティーエー。自由貿易協定の略称。二つ以上の国や地域とのあいだで、関税や数量制限などの貿易障壁を排除し、あるいは商慣行を調整することにより、国際貿易の自由化を図り、一つの経済圏をつくるための取り決め。

GATT 《General Agreement on Tariffs and Trade》

ガット。関税および貿易に関する一般協定の略称。1948年、関税や貿易上の障壁を除去し、自由かつ無差別な貿易を推進・拡大するために発足した国際協定。国際通貨基金（IMF）や世界銀行とともに、戦後の国際経済体制を支えた。日本は1955年に加入。国際環境の変化を受け、1995年、世界貿易機関（WTO）に発展的に改組された。

── 11条国

国際収支の悪化を理由とした輸出入制限を行わないGATT加盟国を指す。GATT11条は原則、輸出入制限を禁止しているが、国際収支が極度に悪化した場合には12条により、また「途上国」は18条により、それぞれ制限が認められていた。日本は1962年、経済発展に伴いGATT11条国に移行。

── 35条

GATT規定の不適用を定めた条項。1955年に日本がGATTに加入したとき、14か国がこの35条を援用し、日本とGATT関係に入ることを拒否した。その後、日本の外交努力もあり対日35条援用国は減少、1995年の世界貿易機関（WTO）設立に伴い、この条項は消滅した。

GDP 《Gross Domestic Product》

ジーディーピー。国内総生産の略称。一定期間に国内で生産された財とサービスの価値（付加価値）の合計を指し、外国人による国内での生産をも含む。国民総生産（GNP）から海外での純所得を差し引いたもの。国内における経済活動のありようを測る指標の一つ。

GNP 《Gross National Product》

ジーエヌピー。国民総生産の略称。一定期間に国民が生産した財とサービスの価値（付加価値）の合計を指し、国民による外国での生産をも含む。2000年以降用いられている国民総所得（GNI；gross national income）に相当する。一国の経済の大きさを測る指標の一つ。

IMF 《International Monetary Fund》

アイエムエフ。国際通貨基金の略称。1945年、ブレトン・ウッズ協定のもと、国際通貨制度（たとえば為替相場）の安定による国際貿易の均衡と発展を図るために設立。国際連合の専門機関の一つ。加盟国によるクォータ（割当額）を主な財源とし、加盟国はクォータに相当する金や自国通貨を出資するとともに、国際収支が赤字になった場合

など、必要に応じ、クォータに相当する外貨を引き出すことができる。日本は1952年に加盟。

── 8条国

IMF協定第8条にある義務を受諾している国。第8条は加盟国の経常的国際取引に対する規制（たとえば為替制限）を禁止しているが、日本は戦後、第14条により、国際収支の悪化を理由とした為替制限の存続が認められていた。日本の経済発展に伴い、1963年のIMF理事会による勧告を受け、日本は1964年に8条国に移行した。

NGO《Non-Governmental Organization》

エヌジーオー。非政府組織の略称。もともとは国連憲章第71条に規定された、経済社会理事会との協議資格を持つ国際的な民間団体を指すが、広義には国際的な活動を行っている非営利の民間団体を意味する。主に日本国内で活動するものは、アメリカの制度に倣い、非営利組織（NPO；non-profit organization）と呼ばれる。

NICS《Newly Industrializing Countries》

ニックス。新興工業国の略称。新興工業地域（NIES；Newly Industrializing Economies）の旧称。OECDが1979年の報告書で命名したもので、1970年代に急速な経済発展を遂げた韓国や台湾、香港、シンガポールなど10の国と地域を指す。1988年のトロント・サミットで、中国など3か国を加えNIES（ニーズ）と呼ばれるようになった。

ODA《Official Development Assistance》

オーディーエー。政府開発援助の略称。「途上国」の開発支援のために、政府資金で行われる資金援助および技術協力。日本は、1954年のビルマ（現ミャンマー）に対する賠償・借款を端緒に、1990年代には世界第1位の拠出額を誇ったが、2018年現在、アメリカ、ドイツ、イギリスに次ぎ世界第4位となっている。

OECD《Organization for Economic Cooperation and Development》

オーイーシーディー。経済協力開発機構の略称。加盟国の経済を発展させ、「途上国」に対する援助を行い、貿易を自由化させることを目指した国際協力機構。戦後ヨーロッパの経済復興を目的としたOEEC（欧州経済協力機構）が1961年に改組されたもの。日本は1964年に加盟。別名「先進国クラブ」と呼ばれる。

OPEC《Organization of the Petroleum Exporting Countries》

オペック。石油輸出国機構の略称。メジャー（国際石油資本）の一方的な石油価格引き下げに対抗するため、1960年、イラン、イラク、サウジアラビア、クウェート、ベネズエラの5か国で設立。2020年現在、13か国で構成され、石油の生産量や価格の調整などを目的とする。

RCEP《Regional Comprehensive Economic Partnership》

アールセップ。東アジア地域包括的経済連携の略称。東アジアで目指されている自由貿易圏構想で、FTA・EPAの一つ。2013年、ASEAN10か国と日本、中国、韓国、インド、オーストラリア、ニュージーランドの16か国で交渉がはじまったが、2019年にインドが離脱、15か国で2020年の署名を目標としている。

SNS《Social Networking Service》

エスエヌエス。ソーシャルネットワーキングサービスの略称。人と人をつなぎ、コミュニケーションが図れるように設計され、社会的なネットワーク構築の場を提供する、インターネットを利用した登録制のサービスのこと。

TPP《Trans-Pacific Partnership》

ティピーピー。環太平洋パートナーシップ（協定）あるいは環太平洋経済連携（協定）の略称。環太平洋諸国12か国が締結を目指していたFTA・EPA。2016年2月に署名されたが、2017年1月にアメリカが離脱、2018年12月にCPTPP（TPP11協定）として発効した。

WTO 《World Trade Organization》

ダブリュティーオー。世界貿易機関の略称。GATT のウルグアイ・ラウンドで 1994 年に合意され、GATT の後継として 1995 年に発足した国際機関。モノの貿易のみならず、金融や情報通信などのサービス貿易や知的財産権をも対象とし、紛争解決手続きが強化された。

9.11

2001 年 9 月 11 日、アメリカの東海岸で起きた大規模なテロリズム事件。4 機の旅客機がハイジャックされ、2 機がニューヨークの世界貿易センタービル、1 機がワシントンの国防総省ビル、もう 1 機がペンシルベニア州ピッツバーグ郊外に墜落し、3000 人あまりの死者を出した。アメリカ政府は、事件がイスラム過激派指導者オサマ・ビン・ラディンらによるものと断定し、反テロ戦争の名のもと、2001 年 10 月、潜伏先とみられるアフガニスタンへの軍事攻撃を開始し、タリバーン政権を崩壊させた。さらに 2003 年 3 月、大量破壊兵器を保有しているとされたイラクを反テロの名のもとに攻撃、サダム・フセイン政権を崩壊させたが、大量破壊兵器は発見されずに終わった。

和　文

あ行

アジア通貨危機

1997 年 7 月、タイの通貨、バーツの暴落に端を発した経済・通貨危機。1995 年以降の円安に伴うアジア新興国の輸出競争力の低下、外国資本の流出などを受け、タイは、変動相場制移行によるような事実上のバーツ切り下げを断行。この影響が、通貨価値の暴落による対外債務の増加、金融システムの混乱などを招き、アジア各国に深刻な景気後退をもたらした。

アムネスティ・インターナショナル

1961 年、イギリスの弁護士、ピーター・ベネンソンにより設立された、各国の政治犯、思想犯など、不当に捕らえられた「良心の囚人」を国際的に救援するための NGO。アムネ
スティとは「恩赦」の意。1977 年ノーベル平和賞を受賞。日本支部は 1970 年に開設され、2000 年には社団法人として認可された。

岩倉具視欧米使節団

1871～73 年にかけて明治政府が派遣した欧米回覧の使節団。不平等条約の改正準備や欧米諸国の近代的制度の視察などを目的に、岩倉具視特命全権大使のもと、大久保利通・木戸孝允・伊藤博文・山口尚芳を副使とし、中江兆民、津田梅子ら、多数の随員・留学生が参加した。

インドシナ戦争

1946 年、旧フランス領インドシナの独立をめぐり、ベトナム民主共和国とフランスとの間ではじまった戦争。広義には、第二次インドシナ戦争（ベトナム戦争：1960～75 年）、第三次インドシナ戦争（1978～91 年）を含む。1954 年のジュネーブ協定によりフランスは撤退、「冷戦」の対立状況のもと、北緯 17 度線でベトナムは南北に二分された。

失われた 10 年

「バブル経済」が崩壊した 1992 年ころから 2002 年ころまでの日本の経済的停滞を指す。もともとは、1980 年代における中南米諸国の経済状況（1970 年代の経済成長の終焉と累積債務危機）を意味していたが、1990 年代に日本に転用された。

ウルグアイ・ラウンド

1986 年～93 年に行われた GATT の第 8 回多角的貿易交渉。1986 年にウルグアイで交渉開始が宣言されたため、こう呼ばれる。史上最多の 124 か国が参加し、サービス貿易、知的財産権など新分野の自由化を交渉、紛争解決手続きを強化した WTO の創設などが合意された。

オイル・ショック

石油危機ともいう。石油価格の高騰による世界経済の停滞のこと。第一次は 1973 年、第四次中東戦争を機にアラブ諸国が石油価格を 4 倍に引き上げ、日本では「狂乱物価」と呼ばれる物価高騰を招来、トイレットペーパーなどの買い占めが起こった。第二次は 1979 年、イラン革命を機に再び石油価

格が約 2 倍に上昇した。

欧州債務危機

2000 年代末以降、EU 諸国で明らかになった一連の財政危機を指し、ソブリン危機、ユーロ危機などとも呼ばれる。2009 年、ギリシャの政権交代に伴い国家財政の粉飾が暴露され、ギリシャ国債が暴落、世界各国の株価およびユーロの為替相場が下落した。のちにアイルランドやポルトガル、スペイン、イタリア、キプロスなどでも財政破綻が明らかになった。

オウム真理教

1984 年、麻原彰晃（本名　松本智津夫）が創始した宗教および宗教団体。ヨーガ修行団体「オウム神仙の会」を経て、1987 年に「オウム真理教」と改称し、1989 年、東京都が宗教法人に認定。同年、坂本堤弁護士一家殺害事件（のちに発覚）、1990 年、衆議院議員総選挙に「真理党」から 25 名立候補するも全員落選。1994 年に松本サリン事件、1995 年に地下鉄サリン事件などを起こし、教祖と教団幹部らが多数逮捕、起訴（死刑 13 人を含む有罪判決 190 人。2018 年死刑執行）。同年、東京地裁より解散命令。2000 年、名称を「アレフ」に変更（その後アーレフ、Aleph と改称）。2007 年、一部の信者がアーレフを脱会して新団体「ひかりの輪」を設立。両団体とも「無差別大量殺人行為を行った団体の規制に関する法律」（団体規制法）のもと、公安調査庁による観察処分対象となっている。

か行

外国人技能実習制度

2017 年に施行された「外国人の技能実習の適正な実施及び技能実習生の保護に関する法律」（技能実習法）による、外国人を技能実習生として一定期間受け入れる制度。1993 年に外国人研修・技能実習制度ができたが、過重労働などの問題が多発、2010 年の見直し、2014 年の国連勧告を経て、2016 年に現行法が成立した。

格差社会

社会の構成員の階層が分断・隔絶され、固定化された社会。とくに経済的な格差が重要であり、日本では、終身雇用の崩壊やバブル経済崩壊後の不況、社会保障制度の再編、規制緩和などによる産業構造の変化につれて、格差の拡大と固定化がすすんだといわれている。

ガリオア・エロア（援助）

アメリカによる第二次世界大戦の戦中・戦後における占領地向け援助。ガリオアは、占領地域救済政府基金《Government Appropriation for Relief in Occupied Areas Fund；GARIOA》の略称で、飢餓、疾病および社会不安を防止するために、日本を含むアメリカの占領地域と南朝鮮に対してなされた。またエロアは、占領地域経済復興基金《Economic Rehabilitation in Occupied Areas Fund；EROA》の略称で、「冷戦」が激化するなか、資本主義国の経済復興・経済自立を目的に、1948 年から日本と南朝鮮に向けて実施された。

環太平洋連帯構想

環太平洋地域における経済・文化・技術面での協力を掲げた地域主義構想。1979 年、大平正芳首相により提唱された。環太平洋という地域枠組みは、その後アジア太平洋に姿を変えつつ、1989 年にオーストラリアが主唱した、アジア太平洋経済閣僚会議（APEC）に引き継がれていった。

ギリシャ危機

ギリシャにおける財政悪化に端を発した経済危機。2009 年の政権交代で、前政権による財政赤字の隠蔽が発覚。ギリシャ国債が暴落したため、新規国債が発行不能となり、資金繰りに行き詰まった。他の欧州諸国にも影響が波及したため、EU 諸国は IMF とともに、2010 年、2012 年、2015 年に支援を行った。

グローバリゼーション

技術の進展などにより、ヒト、モノ、カネ、情報などが国境を越えて相互に交流し、一方で世界の統合化を、他方で世界の分断化をもたらすプロセス。「冷戦」のグローバル化とトータル化のもと、アメリカの経済回復策（たとえば、1971 年の新経済政策、1991 年の新世界秩序構想）に端を発している。

刑事に関する共助に関する日本国と欧州連合との間の協定

日・EU刑事共助協定ともいう。一方の国の請求に基づき、捜査や訴追などの刑事手続（および司法手続）に関する共助（証言や物件の取得、文書の送達など）を実施し、そのための枠組みを定めたもの。国際的な犯罪の増加という認識のもと、2007年に非公式協議を開始、2009年から4回の協議を経て署名され、2011年に発効した。

国際収支の天井

固定相場制を維持するため、国際収支の赤字に対処をせまられること。日本では、戦後初期から高度経済成長期にかけてみられたもので、景気の拡大による輸入の増加が1ドル360円の固定相場制のもと外貨準備を減らし、円と外貨の交換が困難になるのを避けるため、金融の引き締めを余儀なくされ景気後退に陥ったことを指す。

ココム《Coordinating Committee for Export to Communist Area》

対共産圏輸出統制委員会の略称。「冷戦」の開始とともに、共産圏諸国に対する戦略物資や技術の輸出を禁止・制限することを目指し、1949年にアメリカの提唱でできた非公式の枠組み。日本は1952年に参加。「冷戦」の終焉とともに1994年に解体され、1996年、新たな国際輸出管理機構であるワッセナーに引き継がれた。

国境なき医師団

医療・人道援助を行う民間の国際NGO。ナイジェリアにおけるビアフラ州の独立をめぐる内戦で、ビアフラ飢餓救済活動にあたった医師らを中心に、1971年設立。緊急性の高い医療ニーズに応えることを目指している。1999年ノーベル平和賞受賞。日本事務局は1992年に設置。

コロンボ・プラン

南アジアおよび東南アジアの国ぐにの経済社会開発を目指した経済協力機構。1950年、セイロン（現スリランカ）で開かれた英連邦外相会議で設立が決まり、1951年に発足。英連邦の枠組みのもと、域内の先進国が拠出した資金を域内の途上国に援助することで、経済的・技術的な開発を図ろうとした。日本は1954年に加入。

さ行

サブプライム・ローン

アメリカにおける信用力の低い個人向け住宅融資。サブプライムとは、プライム・レート（最優遇金利）に次ぐの意。審査は緩いが金利は高い。こうした住宅債権は証券化され、世界中の投資会社や銀行に販売されていたため、返済遅滞や債務不履行の増加に伴い、ヘッジファンドの破綻や銀行の経営危機などを招いた。

サミット

主要国首脳会議、「先進国」首脳会議ともいう。世界の主要国首脳が年一回集まり、国際的な課題を話し合う会議。1975年に第一回がフランスで開かれ、アメリカ、イギリス、フランス、西ドイツ、イタリア、日本が参加、第二回にはカナダが、第三回にはECの欧州委員会委員長が、1997年（第二十三回）にはロシアが加わった。

自主輸出規制

輸出国側が、主に輸入国側による制限措置を回避するため、自主的に輸出の数量や価格などを規制すること。日本では、1950年代から欧米諸国に対してなされ、1970年代以降、貿易摩擦の激化とともに、繊維をはじめ、鉄鋼、カラーテレビ、自動車などで規制措置がとられることとなった。

資本財

労働による生産物および中間生産物で、富を生産するために使用される財。原材料のように、一度の使用で原形が失われるものを流動資本財、機械や建物、工場のように、長期にわたり使用されるものを固定資本財という。

資本集約的製品

労働力よりも資本設備に対する依存度が高い産業により生み出された製品。鉄鋼、非鉄金属、石油、化学など、重化学工業製品がその代表で、機械化がすすみ、固定資本の占める割合が大きく、労働生産性の高い製品で

ある。

ジャパン・アズ・ナンバーワン

　アメリカの社会学者、エズラ・ヴォーゲルが 1979 年に出した本のタイトル。また、バブル経済に至る 1980 年代の日本経済を象徴的に指すもの。日本の高度経済成長の要因を文化的なもの、たとえば学習意欲や読書習慣のような日本人の勤勉さに求め、それに基づいた日本的経営を高く評価したため、日本でも一世を風靡した。

新経済政策

　1971 年 8 月 15 日、アメリカ政府が突如発表した経済政策。ベトナム戦争に伴う国際収支の悪化、ドル危機、失業の増加、インフレーションなどに対処するため、金とドルの交換停止、輸入課徴金の賦課、強制的な賃金および物価の統制を打ち出した。7 月の電撃的なニクソン訪中発表とともに、「ニクソン・ショック」とも呼ばれる。

新世界秩序構想

　アメリカのブッシュ大統領が 1990 年 9 月 11 日に打ち出した、冷戦後の世界秩序構想。イラクのフセイン大統領によるクウェート侵攻に端を発した湾岸戦争のさなかに発表され、この戦争が自由と正義、法の支配などを共有する新世界秩序の第一歩だと意義付けた。

新冷戦

　1970 年代にいったん緊張緩和の動き（デタント）をみせた「冷戦」が、1970 年代後半、とくに 1979 年のソ連によるアフガニスタン侵攻を機に、再び米ソの軍事的な対立を深めたことを指す。第二次冷戦ともいう。

スタグフレーション

　景気の停滞を意味する《stagnation》と、物価の上昇を意味する《inflation》との合成語。景気停滞にも関わらず物価水準が上昇する現象。1970 年代以降、欧米先進国や日本でみられるようになった。一般に、物価水準は、好況になると上昇し不況になると下落するが、財政支出の増大、名目賃金の上昇などに起因するとされている。

スミソニアン協定

　1971 年 12 月になされた通貨に関する多角的調整の取り決め。アメリカ政府による 1971 年 8 月の金とドルの交換停止により、各国は変動相場制に移行したが、この協定により一時的に固定相場制に復帰。円は 1 ドル 360 円から 308 円に切り上げられた。1973 年 2 月のドル切り下げにより、全面的に変動相場制に移行、協定は崩壊。

世界恐慌

　1929 年 10 月 24 日、ニューヨーク株式市場の暴落に端を発し、1933 年ころまで続いた経済恐慌。社会主義国ソ連を除いた世界中に波及し、滞貨（商品の売れ残り）の激増が生産を縮小させ、企業の倒産をもたらし失業者を増大させる結果となった。第一次世界大戦後に形成された資本の国際的な循環の破綻が背景にある。

世界銀行

　貧困の削減と開発支援による繁栄の共有促進に向け、「途上国」政府に融資や政策提言を行う国際金融機関。1945 年に設立された国際復興開発銀行（IBRD）と無利子融資・贈与を提供する 1960 年発足の国際開発協会（IDA）を指し、これに国際金融公社（IFC）、多国間投資保証機関（MIGA）、国際投資紛争解決センター（ICSID）を含め、世界銀行グループともいう。

先進国病

　成熟した資本主義国が直面する経済的・社会的停滞。少子高齢化による社会保障費の増大、産業の空洞化に伴う失業率の増大により、経済的には、景気後退、インフレーション、国際収支の悪化など、また社会的には、ノイローゼや非行、家庭基盤の揺らぎ、公害にみられる環境問題などが顕著にみられるようになること。

た行

大規模小売店舗法

　大規模小売店舗における小売業の事業活動の調整に関する法律の略称。大店法ともいう。大規模小売店舗との利害調整による小売業の正常な発達を図るため、百貨店法

(1956 年)に代わり 1973 年に制定。2000 年、大規模小売店舗立地法の施行により廃止され、大規模小売店舗に周辺地域の生活環境の保持を求めるものに代わった。

対日講和（条約）

サンフランシスコ講和条約、対日平和条約ともいう。第二次世界大戦を終結させるため、1951 年に連合国 48 か国と結ばれた条約。1952 年に発効し、日本は主権を回復。対日賠償請求権の放棄が規定され、また日米安全保障条約が締結されたため、一部のアジア諸国やソ連などが締結を拒否、中国の代表権問題で中国代表は招かれなかった。

第二の敗戦

日本が、第二次世界大戦（第一の敗戦）に続き二度目の敗戦を経験したのでは、ということ。1990 年代以降の経済不況、とくにバブル経済の崩壊を指すことが多いが、東日本大震災など他の出来事にも用いられる。同じようなニュアンスのコトバとして、「経済敗戦」、「経済外交敗戦」、「第三の敗戦」などがある。

多国籍企業ガイドライン

多国籍企業行動指針ともいう。1976 年、国家間関係と調和された多国籍企業の活動を模索するため、OECD が定めた、多国籍企業の守るべき行動指針。これまでに 5 回（1979 年、1984 年、1991 年、2000 年、2011 年）改訂され、情報開示や汚職防止、科学技術や競争、人権や雇用、環境保護、納税などの分野を規定する。

脱国家的（／脱政府的）

トランスナショナル（transnational）の訳語。民際的ともいう。主に民間の主体による、国家の枠組みから脱した国境を越える動きを指す。国際関係の構造変動を背景に、1960 年代末ころから提唱された。国家主権の移譲を伴わないことから、スープラナショナル（supranational）の訳語である「超国家的」とは異なる。

地下鉄サリン事件

1995 年 3 月 20 日午前 8 時過ぎ、東京の地下鉄車内に毒ガスのサリンが散布され、死者13 人、重軽傷者 6000 人あまりを出した事件。3 月 22 日、警視庁はオウム真理教による組織的犯行と断定、教団施設などを強制捜査し、多量の化学薬品を押収した。5 月 16 日に麻原彰晃（本名　松本智津夫）代表らを逮捕。

地産地消

地域生産地域消費の略称。地域で生産されたものをその地域で消費する取り組み。農林水産省が 1980 年代から使いはじめ、主に農林水産物に関し、地域資源の消費拡大による地域の活性化、就業機会の確保、輸送コストの抑制と環境負荷の低減、食育や食文化の継承、そして食料自給率の向上などの効果が期待されている。

中ソ対立

1956 年、ソ連共産党第 20 回大会におけるフルシチョフ書記長のスターリン批判により生じた、ソ連と中国のあいだのイデオロギー的・国家的対立。中国はソ連指導部を「修正主義」、ソ連は中国指導部を「冒険主義」などとお互いを非難し、1969 年には国境での武力衝突にまで発展した。1989 年、ゴルバチョフ書記長の訪中により、両者の関係は正常化。

朝鮮戦争

朝鮮半島で続いていた内戦が 1950 年に拡大したことを指す。日本の敗戦とともに、朝鮮半島は北緯 38 度線で分断されたため、統一に向けた内戦が生起し、1949 年にはゲリラ戦が 38 度線付近で激化していた。そのバランスが崩れ、内戦は拡大、アメリカとソ連、中国などが介入した。1953 年に休戦協定が成立、分断が固定化された。

デタント

1960 年代後半から 1970 年代中葉にみられた、「冷戦」という対立状況における協調の動き。デタント（détente）とは緊張緩和の意で、もともとはヨーロッパにおける旧外交の時代の用語。米ソによる核兵器制限に向けた軍備管理交渉（SALT I）、ヨーロッパにおける信頼醸成を目指した全欧安全保障協力会議（CSCE）がその一例。

東南アジア開発閣僚会議

東南アジア地域の開発と協力を図るため、日本が主導した枠組み。第一回は、1966年に東京で開かれ、東南アジア農業開発会議や東南アジア漁業開発センター設立などの成果を挙げたが、インドシナ情勢の変化やASEANの結成などに加え、日本主導に対する反発もあり、1974年の第九回会議が最後となった。

トルーマン・ドクトリン

1947年にアメリカのトルーマン大統領が議会で打ち出した外交方針。イギリスに代わりギリシャとトルコに対する軍事・経済援助を議会に要請するにあたり、世界規模での「破壊活動」を封じ込める必要性を強調したもの。これは事実上、ソ連のブロックと対決することを意味し、「冷戦」の開始を宣言したものと受け止められた。

トロント・サミット

1988年にカナダのトロントで開かれた、第14回サミット。GATT ウルグアイ・ラウンドに対する方針や「途上国」の債務問題、環境問題など、さまざまな問題が議論された。これまで NICS と呼ばれていた諸国に中国・マレーシア・タイを加え、これ以後 NIES という呼称が使われるようになった。

な行

南北問題

北半球に集中する「先進国」と南半球に偏在する「途上国」とのあいだの、経済的格差から生じる政治的・経済的・社会的な諸問題。歴史的には、「途上国」の経済開発や工業化、さらには、「先進国」に有利な国際経済秩序の変革などを含み、それに対する「先進国」の対応をめぐる国際社会の諸問題をも指す。

日EU経済連携協定

日本とEU（欧州連合）とのあいだで締結され、2019年2月に発効したEPA。貿易の関税を即時あるいは段階的に撤廃し、サービス貿易や投資、電子商取引、特許や原産地呼称のような知的財産など、幅広い分野で規制を緩和・撤廃することが規定され、自由で公正な

ルールの構築による21世紀の経済秩序のモデルが目指された。

日米安全保障条約

日本国とアメリカ合衆国との間の安全保障条約の略称。1951年、対日講和条約とともに、日本とアメリカとのあいだで締結された条約。日本における武力攻撃に対する対処、アメリカ軍の駐留や基地使用などが規定された。1960年、新条約に改定され、軍事行動に対する事前協議や相互協力義務、経済協力などが新たに定められた。

日米経済調和対話

2010年の日米首脳会談で発表された対話の枠組み。2011年の二度にわたる事務レベル協議、その後の次官級協議のなかで、日米両国の「関心事項」、すなわち経済・貿易政策の状況や経済協力の促進、地域やグローバルな課題をめぐる連携、貿易やビジネスの環境整備などが話し合われた。

日米構造協議

1989年の日米首脳会談のなかで合意された協議の枠組み。対外収支の不均衡（日本の大幅な黒字）是正のために、構造改革に取り組むことを目指したもの。1990年に最終報告書が発表され、1991年と1992年にその進捗状況を評価。1992年、日米構造協議の再活性化が議論され、1993年、日米包括経済協議に拡大・継承された。

日米半導体協定

1986年、日本製半導体のダンピング防止を盛り込んだ協定。5年間に日本市場における外国製半導体のシェアを20%に引き上げることが書簡で交換されたが実現せず、1991年の新協定でこれを明記。アメリカ半導体産業の復興や韓国などの台頭により、日本の脅威が和らぎ、1996年、新協定は失効した。

日米貿易摩擦

日本とアメリカとの貿易関係をめぐる軋轢。1950年代から日本の対米輸出をめぐり問題が生じ、1960年代末以降、繊維を皮切りに、鉄鋼、カラーテレビ、自動車、半導体などで激化した。1980年代になると、これに加え、農産物やサービス分野で日本の市場開

放が問題化、1980 年代末には日本の構造改革が要求されるようになった。

日韓基本条約

日本国と大韓民国との間の基本関係に関する条約の略称。15 年にわたる交渉の末、1965 年締結。日本側は、韓国を朝鮮半島における唯一の政府と認め、関係を正常化、韓国併合条約（1910 年）などの失効を確認した。同時に多くの協定・交換公文が署名され、総額 8 億ドル（無償 3 億ドル、政府借款 2 億ドル、民間借款 3 億ドル以上）を超える経済協力が約束された。植民地支配の賠償・補償、朝鮮半島の分断、領土問題などで、いまだ解釈の一致がみられていない。

日韓通商協定

1949 年、日本と大韓民国とのあいだで戦後はじめて締結された、貿易とその支払いのあり方をめぐる取り決め。日本はアメリカの占領下にあったため、アメリカ側が日本側の要望を容れつつ韓国側と交渉した。韓国側は当初、日本との経済提携に前向きだったが、1950 年の改訂交渉（日本政府が韓国側と直接交渉した）に失望、アメリカとの経済提携に傾いていった。

日ソ国交回復

1956 年、日ソ共同宣言により実現した日本とソ連との関係改善。これにより、日本とソ連は、第二次世界大戦の戦争状態を終結し、外交関係を回復、賠償の請求権を放棄し、貿易関係を再開、日本の国際連合加盟にソ連が支持を与えた。領土問題については、平和条約を締結したのち歯舞・色丹の二島を返還で合意。

日本 ASEAN 包括的経済連携協定

2008 年、日本と ASEAN 諸国とのあいだで締結され発効した EPA。ASEAN との戦略的関係を強化するため、貿易の関税を即時あるいは段階的に撤廃するほか、農林水産や知的財産分野での協力、サービス貿易および投資の自由化・保護について、交渉を継続することを規定した。

年次改革要望書

1993 年の日米首脳会談で決められ、翌年

からはじまった文書の交換。1994 年から 1996 年までは「規制緩和及び競争政策に関するイニシアティブ」、1997 年から 2000 年までは「規制緩和及び競争政策に関する強化されたイニシアティブ」、2001 年以降は「規制改革及び競争政策イニシアティブ」のもとで要望書を交換してきた。日本側は主に、WTO のルールに整合しないアメリカの規制・制度を取り上げ、またアメリカ側は主に、日本の構造改革と規制の透明性に焦点をあて、医療分野から金融や情報技術、知的財産、競争政策、さらには商法や法的サービスなどを問題視。2009 年、自由民主党から民主党に政権交代し、廃止された。

は行

排日ボイコット

日本の侵略的な行動に反対する、日貨排斥（日本製品のボイコット）をはじめとした中国の民族運動。1908 年の第二辰丸事件に関わる反発にはじまり、1915 年の二十一カ条要求反対を経て、1919 年の五・四運動で一つのピークに達した。また、1920 年代から 1930 年代にかけても、山東出兵（1927 年）や北伐（1928 年）、満州事変（1931 年）に反対する経済絶交運動などが続き、やがて日中戦争に至ることとなった。

バブル経済（の崩壊）

資産価格が、実体経済からかけ離れ泡（バブル）のように膨張した経済状況。日本では 1980 年代半ば以降を主に指す。1985 年 9 月のプラザ合意以降、円高による輸出低迷に対処するため金融緩和を継続し、株式や不動産に流入した余剰マネーが、株価上昇と地価高騰を招いたが（バブル経済）、1990 年以降の金融引き締めにより暴落（バブル崩壊）した。

阪神・淡路大震災

1995 年 1 月 17 日午前 5 時 46 分に兵庫県南部で発生した直下型地震による災害。神戸市などで震度 7 を記録、死者約 6500 人、重軽傷者は約 44000 人におよび、25 万戸以上が全半壊あるいは火事により焼失した。

福田ドクトリン

1977 年、福田赳夫首相が ASEAN 歴訪中、フ

ィリピンの首都マニラでの演説で打ち出した外交指針。1974年、田中角栄首相のASEAN歴訪の折、インドネシアの首都ジャカルタで激しい対日抗議運動に直面したのを踏まえ、日本の東南アジア政策の転換を表明したもの。心と心の触れ合う信頼関係の樹立など、三原則が掲げられた。

プラザ合意

1985年9月、アメリカ、イギリス、フランス、西ドイツ、日本の5か国蔵相・中央銀行総裁会議でなされた合意。ニューヨークのプラザホテルで開かれた。為替相場の調整による世界的な国際収支の不均衡の是正に向け、各国はドル売りの市場介入を実施。日本では円高がすすみ、1ドル230円程度だったものが、3年後には120円台になった。

ブレトン・ウッズ体制

1944年のIMF設立にはじまる国際経済体制。固定相場制とほぼ同義の国際通貨体制（IMF体制）をも意味する。第二次世界大戦の遠因が保護主義によるとの理解から、為替相場の安定による貿易の自由化を目指し、IMF、世界銀行、GATTがその中軸をなした。1971年のニクソン・ショックにより崩壊。

ヘッジファンド

富裕層や大口投資家などから資金を集め、高い運用収益をねらう投資組織。市場変動リスクをヘッジ（回避ないしは極小化）するファンドの意。下落相場でも利益を上げられるよう、複雑な金融技術を用い、元手の数倍以上の額で取引を繰り返すため、市場変動により、多額の利益のみならず損失を負う可能性もある。

ベトナム戦争

第一次インドシナ戦争の結果、南北に分断された、ベトナムの統一をめぐる戦争。1960年、南ベトナム解放民族戦線が結成され、北ベトナムの支援のもとに、アメリカを後ろ盾とする南ベトナム政府軍との本格的な交戦を開始。1963年、アメリカが本格的に参戦するが、1968年の解放戦線側によるテト攻勢を機にアメリカ国内で反戦機運が高まり、1973の和平協定でアメリカは撤退。1975年、サイゴンが陥落して南ベトナム政府側が

無条件降伏し、1976年、南北ベトナムが統一された。

ま行

満州事変

1931年9月18日の柳条湖事件に端を発した、日本軍による宣戦布告なしの戦闘行為。日本は、日露戦争以後、満州に対する排他的な支配権を求めてきたが、世界恐慌の影響が残る1931年1月、「満蒙問題」は日本の「存亡に係わる」「生命線」だ（松岡洋右）とされ、経済外交を主導してきた幣原外交を批判、9月、関東軍が奉天（現瀋陽）郊外の柳条湖で南満州鉄道を爆破した。これを中国側によるものだとした日本側は、「自衛」のために軍事行動に出、満州全域を占領、1932年3月、満州国を樹立。国際連盟はこれを問題とし、リットン調査団を派遣、その報告書を採択し、日本軍の撤退を勧告したが、新たな軍事行動（熱河作戦）に出ていた日本側は、1933年3月に国際連盟を脱退。5月、中国国民政府との塘沽協定により戦闘行為は終結した。

宮沢構想

「途上国」の累積債務問題を解決するため、宮沢喜一大蔵大臣が1988年に出した構想。IMF・世界銀行合同総会で提案され、新たな債務措置の基礎になった。IMFの活用による債務削減および、債務国に対する資金のフロー強化を軸とする。1998年、アジア通貨危機の折に出された二国間ベースの支援策は、「新宮沢構想」と呼ばれる。

ら行

ランブイエ宣言

1975年に開催された第一回サミットの成果として発表された宣言。オイル・ショックが顕在化させた経済構造の変化、とくに不況に伴う失業の増大、インフレの昂進、エネルギー問題に対処することなどが謳われた。サミットのこうした宣言は、2019年にはじめてその発表が見送られるまで、毎回出されている。

リーマン・ショック

アメリカの大手投資銀行・証券会社リーマ

ン・ブラザーズの経営破綻がもたらした衝撃のこと。2007年、サブプライム・ローンの不良債権化が顕在化するにおよび、その証券化商品が下落。これらを多く抱える投資銀行は経営不振に直面した。2008年9月、リーマン・ブラザーズは連邦破産法第11章の適用を申請。アメリカ第4位の証券会社の経営破綻により、アメリカの株式市場は大きく下落、ヨーロッパ諸国や日本のみならず「途上国」もまた、深刻な景気後退に陥った。

累積債務問題（危機）

「途上国」における債務残高の積み重なりにより返済負担が増大し、返済の行き詰まりや国内開発の困難が生じる問題。1982年、メキシコが対外債務の返済繰り延べを申し出たことで表面化し、債権国は、これに対処するため、IMFや世界銀行による構造調整（緊縮財政など）を条件とした融資を行った。

冷戦

第二次世界大戦後に続いた国際的な対立状況。アメリカとソ連を頂点とする二つのブロックが相手側の優位を恐れ、核兵器の増強や旧植民地の支援をはじめ、一触即発の緊張状態で対峙、ときに軍事力を行使した。このプロセスのなかで、対立状況はグローバルにあるいはトータルに浸透し、これを利用する動きをも生み出した。

労働集約的製品

資本よりも労働力に対する依存度が高い産業により生み出された製品。農業などの第一次産業や、サービス業・流通業などの第三次産業がその代表で、賃金コストの割合が高く、多くの労働力が必要とされる製品である。

索引

◆　は　行　◆

◆ ま　行 ◆

〈著者紹介〉

高瀬 弘文 （たかせ・ひろふみ）

1973年、愛媛県生まれ。

一橋大学法学部卒業、同大学院法学研究科修士課程修了、同大学院法学研究科博士後期課程修了。博士(法学)。専攻は、日本外交史、国際関係史

〈主要著作〉

『戦後日本の経済外交──「日本イメージ」の再定義と「信用の回復」の努力』(信山社、2008年)；『戦後日本の経済外交Ⅱ──「近代を超える」時代の「日本イメージ」と「信頼」の確保』(信山社、2019年)；「『あるべき国民』の再定義としての勤労の義務──日本国憲法上の義務に関する歴史的試論」『アジア太平洋研究』2011年；「東北アジアにおける戦後日本の経済外交の端緒──日韓通商協定の締結を手掛かりに」『国際政治』2012年；「『経済外交』概念の歴史的検討──戦後日本を事例に」『広島国際研究』2013年

経済外交を考える──「魔法の杖」の使い方

2020(令和2)年10月30日　初版第1刷発行

著　者	高　瀬　弘　文
発行者	今　井　　　貴
	稲　葉　文　子
発行所	信山社出版株式会社

〒113-0033　東京都文京区本郷6-2-9-102

電　話　03 (3818) 1019

ＦＡＸ　03 (3818) 0344

Printed in Japan　印刷・製本／亜細亜印刷・渋谷文泉閣

生ける世界の法と哲学

—ある反時代的精神の履歴書—

井上達夫 著

法哲学はこんなに面白い

森村 進 著

国際法研究 1〜8号 続刊

中谷和弘・岩沢雄司 責任編集

憲法研究 1〜6号 続刊

辻村みよ子 責任編集

信山社